Unkompliziertes Copywriting

Victor Palandi

Published by Victor Palandi, 2024.

While every precaution has been taken in the preparation of this book, the publisher assumes no responsibility for errors or omissions, or for damages resulting from the use of the information contained herein.

UNKOMPLIZIERTES COPYWRITING

First edition. January 23, 2024.

Copyright © 2024 Victor Palandi.

ISBN: 979-8224056569

Written by Victor Palandi.

Inhaltsverzeichnis

Überprüfung und Vorbereitung

Vinicius Pacheco

Verlagsleiter

Ariadne Aquino

Grafikdesign und Layout

Allison Ribeiro

Karolayne Alves

Abdeckung

Karolayne Alves

Wort des Autors

Als ich dieses Buch im Jahr 2018 schrieb, wusste ich kaum alles, was kommen würde. Das Überraschendste war vielleicht mein Wechsel zum Offline-Unternehmertum mit dem Kauf des Fitnessstudios der Sport Company in São Paulo.

In den letzten 6 Jahren gab es viele Momente der Freude und Frustration, aber eines hat sich nie geändert: meine Liebe zum Copywriting.

Im Jahr 2021 schrieb ich mein zweites Buch, „Partido Persuasão", in dem ich mich auf die tiefgreifende Analyse historischer politischer Reden konzentrierte und zeigte, welche Copywriting- Techniken schon so lange eingesetzt wurden, um Milliarden von Menschen auf der ganzen Welt zu beeinflussen.

Ich habe unzählige Male gesprochen. Ich habe in meinen Online-Kursen und Präsenzschulungen die Marke von 100.000 Teilnehmern überschritten. Ich habe mich als eine der größten Referenzen für Texte in Brasilien etabliert.

Jetzt geht es darum, die Welt zu erobern.

Im Oktober 2023 bekam meine Freundin den Job, von dem sie in Deutschland geträumt hatte, und wir zogen um.

Da ich nun auf unbestimmte Zeit in Stuttgart lebe, kann ich meine Ideen, Erfahrungen und mein Wissen europaweit weitergeben.

Das ist erst der Anfang ... Ich wünsche Ihnen viel Spaß beim Lesen meiner Arbeit, die zu einer Referenz in diesem Segment geworden ist.

Und wer weiß, wir können zusammenarbeiten, um mehr Möglichkeiten zu schaffen. Ich hinterlasse unten meine Kontaktinformationen:

Telefon: +49 176 3176-0341

E-Mail: victorpalandi@gmail.com

Kontaktieren Sie mich für Ideen, Anregungen, Kritik oder was auch immer Sie wollen. Ich stehe auch für Vorträge, Beratung und Nachhilfe zur Verfügung.

Gutes Lesen!

HINGABE

Die Veröffentlichung dieses Buches ist für mich eine große Ehre und Freude.

Es macht mir wirklich Freude, mehr Menschen die Möglichkeit zu geben, etwas über das Verfassen von Texten zu lernen. Und um hierher zu kommen, musste ich hart arbeiten.

Ohne die Unterstützung und Hilfe meiner Eltern, Luiz und Claudia, könnte ich nicht die Hälfte von dem erreichen, was ich in meinem Leben erreicht habe.

Auch meine Schwester Michelle motiviert mich mit all ihrer Freude und Energie weiterzumachen.

Ich könnte noch einige andere Namen nennen, die mir auf dieser Reise wichtig waren, aber einige würde ich sicherlich vergessen, und das ist nicht fair.

Deshalb überlasse ich diese Widmung diesen drei sehr wichtigen Persönlichkeiten in meinem Leben. Und jeder, der Teil meines Lebens ist, weiß, wie dankbar ich auch für die Existenz aller bin.

VORWORT

Attraktive Inhalte mit Überzeugungskraft zu erstellen ist nicht einfach. Um ein Publikum zu gewinnen und Leser in Fans zu verwandeln, sind Kenntnisse und die Anwendung einer Reihe von Techniken erforderlich. Victor Palandi ist ein Experte auf diesem Gebiet.

Als Freund und Bewunderer seiner Arbeit kann ich sagen, dass Sie auf den folgenden Seiten eine Reihe von Techniken und Strategien finden, die Ihnen dabei helfen, Ihre Konversionsrate zu steigern, und mehr noch: Sie werden lernen, gut zu kommunizieren, was Ihnen dabei helfen kann, Ihre Konversionsrate zu verbessern persönliche Erfahrung. Beziehungen und Fachkräfte.

Die Idee aus der Fantasie herauszuholen und zu Papier zu bringen, ist Victors Talent. Mit mehr als 10 Jahren Erfahrung im Werbetexten ist er ein erfolgreicher und Referenztexter in diesem Markt.

Sein junges Alter überrascht viele, indem es den Umfang seines Wissens offenbart, da er sich schon in jungen Jahren dem Lernen und dem Teilen von Informationen verschrieben hat.

Am ersten Tag, als ich das Unternehmen Monetizze, eine Plattform für Partner und Produzenten, eröffnete, war Victor einer der ersten Content-Produzenten in der Branche. Daher sah er von Anfang an, dass sein Wissen Einkommen generierte. Ich freue mich, all Ihre Erfolge wie dieses Buch zu sehen, das erste in Brasilien veröffentlichte Buch zum Thema Copywriting.

Victor lehrt mit einem praktischen und einfachen Ansatz, wie die Verwendung der richtigen Worte Mehrwert schafft und zum Erreichen von Zielen in der Kommunikation führt, sei es im beruflichen, persönlichen oder akademischen Bereich.

Jedes folgende Kapitel bietet dem Leser genügend Informationen, um ansprechende Texte zu verfassen, die Aufmerksamkeit erregen und gleichzeitig Ergebnisse erzielen, die den Umsatz steigern oder Beziehungen stärken können.

Das hier geteilte Wissen kann auf verschiedene Situationen in unserem Leben angewendet werden. Nachdem Sie begonnen haben, Copywriting-Techniken zu üben, werden Sie feststellen, dass eine überzeugende Kommunikation Mehrwert schafft, Glaubwürdigkeit und Nähe zu Ihrem Leser schafft.

Mit der richtigen Kommunikation, die an die richtige Zielgruppe gerichtet ist, werden positive Ergebnisse erzielt.

MARCIO MOTTA

CEO DER MONETIZZE-GRUPPE

EINFÜHRUNG

Wir erleben Momente intensiver Veränderungen in der Welt.

Unternehmen wollen nicht, dass ihre Mitarbeiter stempeln. Das heißt, flexible Arbeitszeitregelungen erfreuen sich zunehmender Beliebtheit, und es ist nicht ungewöhnlich, Räume mit Tischfußball vorzufinden.

Allerdings gibt es eine Gebühr: für Ergebnisse. Sie wollen konkrete Fortschritte vom Team sehen.

Copywriting, das zentrale Thema dieses Buches, wird dieser neuen Realität gerecht. Kommunikation allein führt nirgendwo hin. Es gilt zu überzeugen. Überzeugung erzeugen. Führen Sie zu Conversions. Damit durchbrechen wir zunehmend das Paradigma, eine Person für die Zeit zu bezahlen, die sie für die Erbringung einer bestimmten Leistung benötigt. Wir sind jedoch erfreulich, weil es in der Lage ist, Ergebnisse zu liefern.

Ein freiberuflicher Autor kann für einen kurzen Text leicht 5.000 Reais verdienen; Dies ist dann der Fall, wenn der besagte Fachmann Verkäufe generiert, die die vom Kunden erwartete Rendite bringen.

Infolgedessen erleben die Bereiche Journalismus, Marketing und Werbung diesen gesamten Wandel vor ihren Augen und nur wenige ergreifen Maßnahmen.

Journalisten verlieren ihre Jobs und werden durch manchmal ungeschulte Leute wie mich ersetzt.

Der heutige Markt achtet zunehmend weniger auf Diplome als vielmehr auf Qualifikationen.

Jeder kann das Schreiben erlernen, es anwenden und schnell Ergebnisse sehen. Die besten Autoren, die ich kenne, reichen vom Verkäufer bis zum medizinischen Fachpersonal.

Und Sie werden in diesem Buch die Möglichkeit haben, diese Fähigkeit zu verstehen und sie in Ihrem beruflichen, persönlichen und akademischen Leben anzuwenden, unabhängig von Ihrem Engagement und Ihrem Studium.

Nach der Lektüre werden Sie sicherlich viel besser darauf vorbereitet sein, durch Kommunikation zu überzeugen und Ergebnisse für Ihr Unternehmen oder die Unternehmen, mit denen Sie zusammenarbeiten, zu erzielen.

VIEL SPASS BEIM LESEN!

Was ist Copywriting?

Teil 1

WAS IST COPYWRITING?

VORSTELLUNG DES KONZEPTS

Immer wenn ich erkläre, was Copywriting ist, sagen mir viele: „Wow, ich wusste gar nicht, dass es so heißt!".

Kurz gesagt: Es ist die Kunst, durch Worte zu überzeugen und dabei bestimmte Techniken anzuwenden, die jeden dazu bringen, die von ihm gewünschte Aktion auszuführen.

Deshalb nenne ich Copywriting gerne „überzeugende Kommunikation", weil es einfacher zu verstehen ist.

In den Vereinigten Staaten ist dies bereits ein sehr starkes und gefestigtes Konzept. Unternehmen suchen auf Rekrutierungswebsites nach Werbeautoren , da sie wissen, was diese Fachkräfte tun und wofür sie sie benötigen.

In Brasilien herrscht immer noch große Verwirrung in Bezug auf Journalismus, Werbung und Marketing. Die Wahrheit ist, dass Copywriting ein kleiner Teil davon ist.

Es ist notwendig, über einige der Kommunikationsfähigkeiten zu verfügen, die der Journalismus lehrt; die Fähigkeit, ein Produkt oder eine Dienstleistung zu bewerben, wie wir es in der Werbung sehen; und die Intelligenz, Aufmerksamkeit und Interesse zu erregen, wie wir es im Marketing gelernt haben.

Und gerade weil es eine so starke Kombination ist, sind auch die Ergebnisse immens. Das Verfassen von Texten ist aus zwei Gründen ein Wendepunkt im Leben eines Kleinunternehmens oder Selbstständigen:

1- DIE ANWENDUNG IST EXTREM

EINFACH!

Da es allein um den richtigen Einsatz von Worten und Überzeugungsstrategien geht, entfällt die Notwendigkeit, neue Mitarbeiter einzustellen, Maschinen zu kaufen oder ähnliches.

2 – MÖGLICHKEIT, AUCH MIT WENIG KAPITAL HOHE GEWINNE ZU ERZIELEN

Bei einer Geldschlacht gewinnt das Unternehmen mit dem meisten Geld. Mit Copywriting ist es nun möglich, mit weniger Investitionen mehr Ergebnisse zu erzielen.

Nehmen Sie zum Beispiel das „48 Hour Burn"-Workout oder „Q48". Es war ein wahres Verkaufsphänomen in Brasilien und erzielte Online-Umsätze im mehreren achtstelligen Bereich.

Vinícius Possebon , Produktentwickler, ist ein gewöhnlicher Mensch, der beschlossen hat, ein Online-Training zum Abnehmen zu starten.

Dank der Verwendung von Copywriting-Techniken gewann er immer mehr Kunden. Mit Worten überzeugte er Zehntausende Menschen, sein Produkt zu kaufen.

Wenn Sie die Konkurrenz (andere Abnehmprodukte) allein mit Geld bekämpfen müssten, würden Sie viel mehr ausgeben und niedrigere Conversion-Raten erzielen.

Beispielsweise könnte eine Fernsehwerbung für 30 Sekunden 500.000 Reais kosten. Undurchführbar!

Es schlug seine Konkurrenten mit seiner Überzeugungskraft und zeigte den Menschen, dass der Q48 die beste Lösung für sie war.

Deshalb möchte ich Sie zum Nachdenken anregen:

Was wäre, wenn Sie Ihren Umsatz mit dem gleichen Aufwand wie heute steigern könnten?

Nehmen Sie es mit: Nehmen wir an, Ihre Conversion-Rate beträgt 1 %. Somit kaufen pro 1.000 Besucher 10 Personen ein Produkt im Wert von 1.000 R$.

Indem Sie ein paar Wörter ändern und so die Kommunikation von einem Tag auf den anderen überzeugender gestalten, können Sie eine Conversion-Rate von 1,1 % erzielen.

OHNE DIE MITARBEITER ZU STÖREN. OHNE ERHÖHUNG DES GELDES FÜR WERBUNG.

Pro 1000 Besucher verkaufen Sie also an 11 Personen. Wenn Ihr Einkommen in einem Jahr 200.000 R$ beträgt, beträgt es 220.000 R$, nur weil Sie einige Wörter geändert haben.

Und ich bin sehr konservativ.

In manchen Fällen lässt sich die Conversion-Rate verdoppeln, indem einfach die Reihenfolge der Informationen auf der Produktverkaufsseite geändert wird.

Die Ergebnisse sind schnell. Es ist nicht notwendig, etwas extra zu investieren. Und am Ende dieser Lektüre werden Sie schnell mehr Geld verdienen können.

ÜBERZEUGUNG VS. HANDHABUNG

Wer zum ersten Mal mit dem Begriff Copywriting in Berührung kommt, könnte am Ende denken, dass es sich dabei um etwas Unethisches oder Falsches handelt.

Es ist weit von der Wahrheit entfernt.

Was wir, die Herausgeber , verwenden, sind Überzeugungstechniken. Siehe die folgende Definition von „Überzeugung" aus dem Dicionário Aurélio:

„Den Geist eines Menschen überzeugen."

Was wir also tun, ist Kommunikation durch Argumente, um unseren Standpunkt darzulegen und die Person auf unsere Seite zu bringen.

Daran ist nichts auszusetzen. Denn wir überzeugen jeden Tag aufs Neue.

Stellen Sie sich vor, Ihr Vater muss für Tests zum Arzt, ist aber stur und will das Haus nicht verlassen.

Sie wird Sie wahrscheinlich durch überzeugende Kommunikation davon überzeugen, ins Auto zu steigen und ins Krankenhaus zu fahren.

„Kennen Sie Ihre Enkelin? Sie ist also im Mutterleib meiner Frau und es wäre toll, wenn sie ihren Großvater kennenlernen würde. Wenn Sie jedoch nicht ins Krankenhaus gehen, könnte sie jeden Moment einen Herzinfarkt bekommen und sterben"." Tu es für sie, komm schon.

Dies ist ein Beispiel für ein Argument, das auf Copywriting-Techniken basiert. Das war ziemlich überzeugend, nicht wahr?

Nun ist Manipulation völlig falsch und das Gegenteil von dem, was ich in diesem Buch lehren werde.

Manipulation ist „eine Reihe äußerst aggressiver unehrlicher Handlungen, die darauf abzielen, jemanden dazu zu bringen, seine Überzeugungen oder sein Verhalten zum Nutzen des Manipulators zu ändern." (ZÜKER, 1993, S. 70).

Beachten Sie, dass das Ergebnis für die Person tendenziell nicht gut ist. Das heißt, der berühmte „Tiefschlag".

Die Wahrheit ist, dass Copywriting die Person nur dazu bringt, eine Handlung auszuführen, die sie bereits möchte, auch wenn dies unbewusst geschieht.

Wenn beispielsweise ein Elternteil nicht ins Krankenhaus gehen möchte, möchte er wahrscheinlich gehen, hat aber einige Vorbehalte.

„Werde ich ins Krankenhaus eingeliefert? Muss ich viele Medikamente einnehmen? Werde ich Geld haben?"

Erkennen Sie, dass er ins Krankenhaus gehen möchte, dies aber aufgrund von Hindernissen oder, wie wir es normalerweise nennen, Einwänden nicht tun wird.

Während Manipulation also dazu führt, dass die Person etwas tut, was sie nicht will, bringt Überredung sie einfach dazu, das zu tun, was sie ohnehin schon will.

Natürlich können wir sehr aggressiv sein, aber wir verkaufen trotzdem nur an diejenigen, die kaufen wollen.

TREIBER KOPIEREN

Deshalb sollten wir Menschen nicht manipulieren, sondern nach inneren Beweggründen suchen, um sie dazu zu bringen, eine bestimmte von Ihnen gewünschte Aktion auszuführen.

Normalerweise gebe ich ein Verkaufsbeispiel an, aber die Kopie kann auch für andere Zwecke verwendet werden:

- Erhalten Sie Verbindungen;

- Kontaktliste erweitern;

- Reduzieren Sie die Anzahl der Stornierungen;

Unter anderen. Kurz gesagt: alles, was irgendeine Art von Aktion beinhaltet.

Und sehen Sie, wie interessant...

Was auch immer es ist, unsere Entscheidungsfindung basiert auf 21 Motivatoren, die als „Copy" bekannt sind. Motivatoren .

Jedes Produkt, jede Dienstleistung oder jedes Angebot aktiviert einen anderen Motivator. Wenn Sie Zeit sparen möchten, kaufen Sie manchmal eine Produktivitäts-App. In anderen Fällen möchten Sie einen eleganten Blazer, nur um sich wichtig zu fühlen.

Kopie zu identifizieren Motivator , der stärker mit dem verknüpft ist, was Sie bewerben.

LERNEN WIR JEDEN VON IHNEN UNTEN KENNENLERNEN!

1. AKZEPTIERT WERDEN

Ob es uns gefällt oder nicht, wir streben danach, in einer bestimmten Umgebung oder von einer Gruppe von Menschen akzeptiert zu werden. Manche möchten zu Hause von ihren Eltern akzeptiert werden; andere treten Motorradclubs bei; andere schließen sich organisierten Unterstützern an; usw.

Auf jeden Fall leben wir in einer Gemeinschaft, und viele unserer Einstellungen könnten darin bestehen, uns besser einzufügen und uns in der Welt akzeptierter zu fühlen.

2. WERTGESCHÄTZT WERDEN

Wir wollen, dass die Leute uns mögen. Selbst diejenigen, die sagen, dass es ihnen egal ist, möchten irgendwann das Gefühl haben, geschätzt zu werden, sei es von ihrem Vater, ihrer Mutter oder ihrem Kind.

Kennen Sie diese Hollywood-Filme, in denen der Polizist mit einer Schachtel Donuts ins Büro kommt? Dies ist eindeutig eine Haltung, die durch den Wunsch motiviert ist, von Kollegen geschätzt zu werden.

3. FÜHLEN SIE SICH GUT

Kein Wunder... wir ergreifen bestimmte Maßnahmen, nur um uns gut zu fühlen. Es ist nicht immer die ideale Entscheidung oder die beste von allen, aber wir wollen im Einklang mit uns selbst sein.

In einer Kopie können wir also an dieser Seite arbeiten, obwohl sie individualistischer, äußerst wichtig und sogar wesentlich für das menschliche Leben ist.

4. FÜHLEN SIE SICH WICHTIG

Wer hat noch nie einen Nachbarn gehabt, der in 60 Raten ein neues Auto finanziert hat, nur um eine leistungsstarke Maschine zu bauen?

Rein rational brauchte ich das Auto nicht. Schließlich würde ein Fiat Uno die Aufgabe übernehmen, sich fortzubewegen.

In diesem Beispiel handelt es sich jedoch um mehr als nur ein Auto. Es ist das Gefühl, sich wichtig zu fühlen .

„Ich bin der Mann", könnte man denken.

Wir können über viele andere Beispiele nachdenken ... Auch Anzug und Krawatte vermitteln in manchen Umgebungen ein ähnliches Gefühl.

VIP-Warteschlange, Premium-Lane... Alles ist darauf ausgelegt, dem Kunden das Gefühl zu geben, privilegiert zu sein.

5. GELD VERDIENEN

Ich muss doch nicht einmal expandieren, oder? Es werden viele Maßnahmen ergriffen, um mehr Geld zu verdienen.

Dies ist der Hauptmotivator, den Multilevel-Marketing-Unternehmen verwenden.

In einem Land wie Brasilien, wo das Durchschnittsgehalt 2.000 Reais beträgt und alles ein Vermögen kostet, ist der Bedarf, Geld zu verdienen, enorm.

Und wenn Sie diesen Motivator in Ihrer Kommunikation einsetzen, werden Sie auf jeden Fall gute Ergebnisse erzielen.

6. SPAREN SIE GELD

Ich gebe Ihnen noch ein weiteres praktisches Beispiel: Worauf achten Sie normalerweise, wenn Sie Lampen für Ihr Zuhause kaufen?

Am meisten Aufmerksamkeit erregt wohl derjenige, der sagt:

„Energiesparen", richtig? „Ja, ich werde weniger Strom verbrauchen!" Das ist ein weiterer toller Motivator.

Alles, was uns Geld spart, motiviert uns auch zum Kauf.

Kürzlich hat ein Freund ein Analysetool auf den Markt gebracht, das das tun kann, was drei Leute tun.

Deshalb hat das Tool einen großen Reiz: Es hilft dem Kunden, viel Geld bei der Gehaltsabrechnung zu sparen.

7. SPAREN SIE ZEIT

Das einzige Gut, das wir nicht kaufen können: Zeit. Daher ist es etwas äußerst Wertvolles.

Wir sind an allem interessiert, was uns mehr Zeit verschaffen kann.

Wenn also das, was Sie verkaufen oder anbieten, diesen Reiz hat, nutzen Sie ihn unbedingt, denn es ist ein sehr starkes Argument.

Ich erinnere mich, dass ich bei Disney einen Pass ohne Anstehen gekauft habe, um zu den Attraktionen zu gelangen, ohne Zeit mit Warten zu verschwenden. Das hat mir mehr Spaß gemacht!

8. Machen Sie einige Aufgaben einfacher

Einmal war mein Reifen platt. Um es zu wechseln, musste ich den Reifenschlüssel und den Wagenheber nehmen und viel Zeit damit verschwenden, meine Hände schmutzig und müde zu machen.

Ich kam zum Reifengeschäft und in weniger als einer Minute taten sie das Gleiche wie ich. Als? Sie hatten Werkzeuge, die die Arbeit erleichterten.

Stellen Sie sich vor, die Reifenreparaturwerkstatt müsste einen LKW-Reifen von Ihrem Arm entfernen? Es wäre extrem anstrengend.

So erwirbt jeder Reifenhändler ohne langes Nachdenken die Werkzeuge, die ihm die Durchführung seiner täglichen Aufgaben erleichtern.

Wenn Sie ein Produkt oder eine Dienstleistung haben, die jemandem das Leben erleichtert, nutzen und missbrauchen Sie diesen Unterschied in Ihrem Text.

Ein weiteres klassisches Beispiel ist Polishop mit diesen unglaublichen Videos:

„Reinigen Sie das Sofa in wenigen Minuten. Verwenden Sie einfach einen

Verdampfer, und der ganze Schmutz kommt heraus. „

Jedes Polishop-Produkt verspricht, Ihnen die Arbeit zu erleichtern, weshalb es sich so gut verkauft!

9. GEWINNEN SIE SICHERHEIT

Ich erinnere mich, als der Volkswagen Up! Es kam auf den Markt. Der Auto-Trick war:

„Das sicherste Auto in Brasilien"

Und viele Leute haben es aus diesem Grund gekauft. Nichts Neues, schließlich ist dies einer der Hauptgründe für unsere Entscheidungen.

Sehen Sie, wie viel Geld Sie gespart haben... Die Bevölkerung betrachtet diese Investition als die sicherste überhaupt. Es ist nicht das profitabelste. Es ist nicht der beste Ort. Theoretisch ist es jedoch sicher und das reicht aus. Ein weiteres Beispiel ist eine öffentliche Ausschreibung. Millionen von Menschen nehmen jedes Jahr an Auswahlprüfungen teil, in der Hoffnung, einen Job zu finden, der ihnen Sicherheit und Stabilität bietet.

10. Sehen Sie attraktiv/sexy aus

Gerade dieser Motivator treibt eine Reihe völlig unterschiedlicher Branchen an.

Kleidung, Nahrungsergänzungsmittel, Fitnessstudio-Ketten, Händler... schließlich:

- Schöne Kleidung macht uns attraktiv;

- Stark und definiert zu sein macht uns sexy;

- Auch Autos ziehen Menschen an;

Und hier ist es! Ich spreche vom gesunden Menschenverstand, okay? Auch wenn Sie nicht einverstanden sind, ist das die weitverbreitete Meinung. Eine Branche, die versucht, diese Kopie auszunutzen Der Motivator ist das Parfüm.

Schauen Sie, wie sie Werbung machen ... Menschen fühlen sich vom Geruch anderer angezogen.

11. MEHR KOMFORT

Komfort ist das, was wir alle wollen.

Bequem in der Kleidung, im Auto, zu Hause, auf einer Reise, in einer Beziehung... Wir suchen und kämpfen für Komfort.

Wie können Sie diesen Motivator also zu Ihrem Vorteil nutzen? Denken Sie darüber nach, wie Ihr Produkt Ihren Kunden Komfort bietet. Manchmal kann es indirekt sein.

Sie arbeiten mit Investitionen. Investitionen erwirtschaften Gewinne. Nutzen bringt Trost. Daher ermöglicht die Investition einen höheren Komfort. Sind Sie auf die Idee gekommen?

12. Seien Sie anders

Auch der Wunsch, anders zu sein, ist bei Menschen weit verbreitet. Deshalb erfinden wir ständig.

Wir haben ein gutes Gefühl darin, anders zu sein. Als ich zum Beispiel mein erstes Auto kaufte, war das nicht üblich.

Es war eine chinesische Kopie des Mini Cooper. Mädchen. Ich wollte etwas anderes machen, weg vom Fiat-Volkswagen-Ford-Renault-Standard. Ich habe es (bitter) bereut, aber was mich zum Kauf motiviert hat, war das andere Design als das Standardmodell.

13. Sei glücklich

Wir streben auch nach Glück, und dieser Motivator ist sehr interessant.

Im Gegensatz zu dem, was viele Leute denken, ist es nicht so mächtig. Schließlich schaffen wir es, in unserem Leben auf das Glück zu verzichten.

Beispielsweise möchten Menschen im Allgemeinen lieber akzeptiert werden, als glücklich zu sein. Dennoch können Sie beim Texten viel davon nutzen. Dies ist beim Reisen der Fall.

Jede Reise bringt Bilder von sehr glücklichen Menschen mit sich, die Spaß haben, als ob sie keine Rechnungen bezahlen müssten.

14. MEHR SPASS

Mit dem Glück geht der Wunsch einher, mehr Spaß zu haben. Es gibt ein Unternehmen auf der Welt, das hier eine Referenz darstellt: Disney.

Wenn Sie an Orlando denken, denken Sie an endlosen Spaß.

Die Schweiz macht Sie vielleicht glücklich, aber sie wird Sie nicht so sehr unterhalten können wie Magic Kingdom.

Nicht alle Produkte können Spaß machen; Behalten Sie diesen Motivator also im Hinterkopf, für den Fall, dass Ihr Produkt hier gerade nicht reinpasst.

15. MEHR WISSEN

Bücher, Dokumentationen, Konferenzen, Veranstaltungen... alles läuft letztlich auf die Anziehungskraft des Wissens hinaus.

Ich persönlich glaube nicht, dass es ein großer Motivator ist. Ich denke, die emotionaleren Themen sind viel wirkungsvoller, wie wir in den nächsten Kapiteln sehen werden.

Dennoch können Sie sehr gut an Ihrer überzeugenden Kommunikation arbeiten, um Ihre Ergebnisse zu verbessern.

16. Seien Sie gesund

Wir streben nach mehr Gesundheit in unserem Leben. Es hat nicht immer Priorität, aber wir schenken ein wenig Aufmerksamkeit, wenn wir uns Sorgen machen.

„Victor, wenn Gesundheit ein Motivator ist, warum kümmern sich dann so viele Menschen nicht um ihre Gesundheit?"

Große Frage! Ganz einfach: Sie sehen die Notwendigkeit nicht, halten es für leichtfertig oder schenken ihm nicht genügend Aufmerksamkeit.

Wir hören auf, ins Fitnessstudio zu gehen, wenn wir bereits übergewichtig sind, oder? Wir verbessern die Ernährung, wenn die Raten bereits außer Kontrolle geraten. Wir machen uns zu spät Sorgen. Dies ist ein allgemeiner Fehler des Menschen.

Also setzten wir uns schließlich hin. Wenn also ein Nahrungsergänzungsmittel schnelle Ergebnisse zu versprechen scheint, kaufen wir es! Weil wir uns um unsere Gesundheit kümmern wollen (auf die einfache Art und Weise).

17. Neugier befriedigen

Wir werden im vierten Kapitel über mentale Auslöser sprechen, aber ich würde sagen, dass Neugier einer der stärksten ist.

Und viele Maßnahmen ergreifen wir, weil wir diese Neugier befriedigen wollen.

Einen Film schauen, eine Serie schauen, ein Horoskop lesen... das sind alles Beispiele für Handlungen, die wir aus Neugier ausführen.

Wollen Sie ein größeres Beispiel als Big Brother Brazil?

Abonnenten sind so neugierig, was im meistgesehenen Haus Brasiliens passiert, dass sie eine monatliche Gebühr zahlen, um rund um die Uhr Zugang dazu zu haben.

18. MEHR KOMFORT

Erinnern Sie sich an Trost? Dieser Motivator geht mit ihm einher.

Ein Beispiel für ein Unternehmen, das die Kraft der Bequemlichkeit nutzt, ist Wine , ein Weinclub.

Sie unterschreiben, die Experten wählen zwei Flaschen Wein für Sie aus und sie kommen bei Ihnen zu Hause an.

Ohne Anstrengung, weder wählen noch kaufen. Maximaler Komfort!

Denken Sie jetzt an andere Unternehmen ... Es gibt viele, die unser tägliches Leben bequemer machen.

19. FÜHREN SIE GIER

Egal wie sehr wir es ablehnen, wir sind gierige Tiere. Manche mehr, andere weniger, aber wir alle haben ein bisschen Gier.

Was passiert, ist, dass wir versuchen zu kontrollieren, weil wir wissen, dass es nicht gut für unser Leben ist.

Texter können wir dies jedoch ans Licht bringen.

Schauen Sie sich die Politiker an...

Sie unterschlagen Millionen von Reais, ihre Konten sind voll, aber sie geben die Macht nicht auf, sie sind immer auf der Suche nach mehr Geld.

Sie tun weiterhin unnötig schlechte Dinge, nur weil sie stolz und gierig sind.

20. SCHULD BESEITIGEN

Das ist einer meiner Favoriten. Schuldgefühle verschlingen unsere Seele, oder?

Ein Vater, der kein Essen auf den Tisch bringen kann und sein Kind verhungern lässt, schläft jede Nacht und leidet unter unendlichen Schuldgefühlen.

„Ich bin kein guter Vater. Ich bin kein guter Ehemann. Ich beschütze oder sorge nicht für den Trost, den meine Familie verdient."

Deshalb zielen viele Entscheidungen, die wir treffen, darauf ab, die Schuld, die wir empfinden, zu beseitigen. Dies ist in einem Verkaufsgespräch äußerst wirkungsvoll, wie wir gleich sehen werden.

21. ANGST BESEITEN

Abschließend mit einem Schwung: Kopieren Der stärkste Motivator von allen: Angst.

Angst zu verlieren. Angst zu sterben. Angst davor, in der Öffentlichkeit zu sprechen.

Wir werden von Angst bewegt. Daher verfügt jede Kommunikation, die darauf abzielt, dieses Unbehagen zu beseitigen, über eine enorme Überzeugungskraft.

Dies ist bei der Kfz-Versicherung der Fall.

Die Angst, ausgeraubt zu werden oder im Auto PT zu bekommen, veranlasst uns, eine jährliche Gebühr zu zahlen, um ruhiger schlafen zu können.

Mir hat das Treffen gefallen. Motivatoren kopieren ? Sie werden für den weiteren Inhalt dieses Buches wichtig sein.

Schauen wir uns nun ein praktisches Beispiel eines Produkts an, das jeder kennt: den Volvo XC60.

Sich akzeptiert fühlen: Der Besitz eines Autos gehört zum Repertoire der „gesellschaftlichen Akzeptanz", auch wenn dies unbewusst geschieht;

Sich wertgeschätzt fühlen: „Wow, du hast einen Volvo XC60." Es löst große Bewunderung aus, nicht wahr?

Wohlfühlen: Wer fühlt sich in einem Volvo-SUV nicht wohl?

Sich wichtig fühlen: Der 2018 XC60 kostet in seiner einfachsten Version 400.000 R$, das heißt, er gibt der Person das Gefühl, wichtig zu sein;

Spart Geld: Der Motor hat einen guten Kraftstoffverbrauch, insbesondere angesichts seines Gewichts von fast zwei Tonnen;

Erleichtern Sie Ihre Arbeit: Unabhängig von der Entfernung oder dem Verkehr wird das Fahren dank des umfassenden Armaturenbretts, des Automatikgetriebes und anderer Technologien einfacher.

Sicherheit: Dies ist eines der sichersten Autos der Welt;

Attraktiv/Sexy: Der Fahrer wird es vielleicht nicht zugeben, aber er wird sich sicherlich wie der Junge fühlen, der das Fenster heruntergelassen hat und seinen Ellbogen auf der Autotür ruht;

UNKOMPLIZIERTES COPYWRITING

Komfort: Ledersitze, Klimaanlage und eine Reihe von Fahrzeugoptionen machen das Erlebnis so komfortabel wie möglich;

Anders sein: Wie viele Menschen haben in Brasilien einen Volvo XC60? Wenige... Sicherlich wird sich die Person einzigartiger fühlen;

Glücklich: Ich habe keinen Zweifel daran, dass der Fahrer eines Volvo glücklicher sein wird als der Fahrer eines Torballs!

Spaß: Machen Sie sich bewusst, dass jede Autoanzeige Spaß, Abenteuer, schöne Orte zeigt ...

Lustige Tatsache : Ich wette, Sie haben sich schon gefragt, wie es ist, ein Auto im Wert von rund 400.000 R$ zu fahren!

Angst: Haben Sie Angst vor einem Unfall? Seien Sie versichert, der Volvo XC60 ist eines der sichersten Autos auf dem Markt!

Machen Sie sich bewusst, wie viele Motivatoren es in einem Auto gibt! Tatsächlich gibt es solche Unterschiede bei jedem Produkt! Ich habe Ihnen ein kurzes Beispiel gegeben, damit Sie sehen können, wie viele Emotionen bei jedem Entscheidungs- und Kaufprozess erzeugt werden.

Ich möchte Ihnen eine Übung anbieten

Nehmen Sie ein Produkt oder eine Dienstleistung Ihrer Wahl und platzieren Sie es in dieser Kopie Motivatoren .

Können Sie Schuldgefühle zu Ihrem Vorteil nutzen? Anerkennung? Neugier? Oder bevorzugen Sie Sicherheit? Furcht? Glück? Spielen Sie dieses Spiel und lassen Sie uns unsere Copywriting-Reise fortsetzen!

KOPY-DREIECK

In all den Jahren, in denen ich mich mit Texten beschäftigt habe, habe ich ein von mir entwickeltes Framework namens Kopy Triangle populär gemacht .

Mir wurde klar, dass jedes erfolgreiche Produkt ein Angebot hat, das in dieses Dreieck passt.

Es besteht aus drei Säulen:

EINFACH – EINFACH – SCHNELL

Denken Sie daran: Jedes meistverkaufte Produkt füllt das Kopy-Dreieck . Lassen Sie uns jede der Säulen verstehen!

1. SÄULE – EINFACH

Wir alle suchen immer nach dem einfachsten Weg, ein Problem zu lösen.

Wollen wir abnehmen? Wir suchen den einfachsten Weg. Reich werden? Wir wollen es auf die einfachste Art und Weise. Einen Freund oder eine Freundin finden? Wir suchen den einfachsten Weg. Und daran ist nichts auszusetzen. Es liegt in der Natur des Menschen.

Warum sollten wir Leiden suchen, wenn wir den Sieg auf einfache Weise erringen können?

Dies lässt jedoch böswilligen Menschen Raum, andere zu täuschen.

Zum Beispiel Finanzpyramiden. Sie versuchen zu zeigen, dass es einfach ist, reich zu werden. „Man muss nur Leute einladen!"

Aber schauen Sie sich die Geräte an ... Zitronenentsafter sind beliebt, weil sie viel einfacher sind als das Auspressen mit der Hand.

Reisebüros sind erfolgreich, weil es viel einfacher ist, ein Paket mit ihnen abzuschließen, als Tickets, Hotels und Touren einzeln zu buchen.

Usw!

2. SÄULE – SCHNELL

Ein weiterer Faktor, auf den wir immer achten, ist die Geschwindigkeit.

Schnelle Lieferung. Schnelle Ergebnisse. Geschwindigkeit bei der Problemlösung.

Niemand möchte ein Jahr brauchen, um Gewicht zu verlieren ... Jeder möchte Ergebnisse lieber in einer Woche sehen.

Niemand möchte 50 Jahre warten, um Millionär zu werden... Jeder möchte lieber in 5 Monaten reich werden.

Fastfood kostet nicht umsonst mehrere Millionen Dollar; Fast-Food-Gericht vor den Augen des Verbrauchers. Das ist es, wonach die meisten Menschen suchen.

In einer Gesellschaft, die jeden Tag um mehr Zeit kämpft, ist die Suche nach Geschwindigkeit zu einem der Hauptpunkte der täglichen Suche geworden.

3. SÄULE – EINFACH

Schließlich wünschen wir uns alle so viel Einfachheit wie möglich in unseren Aufgaben und unserem Alltag.

Das bedeutet: Je weniger Komplikationen oder Hürden Sie einem Angebot in den Weg legen, desto interessanter wird es.

Warum verwenden Menschen beispielsweise Diäten aus Zeitschriften anstelle von Diäten eines Ernährungsberaters?

Weil die Zeitschriften einfacher sind. „Iss so viel du willst", „Suppendiät, iss nur Suppe"...

Jetzt sagt der Ernährungsberater: „Iss sautiertes Gemüse." Das ist nicht einfach. Man muss Gemüse kaufen, lernen, wie man es zubereitet, wie man es anbraten kann, das Geschirr spülen ... All das erschwert den Prozess.

Darüber hinaus ist es oft notwendig, die Lebensmittel, die der Fachmann durchläuft, zu wiegen. Und das macht es noch schwieriger.

Je einfacher es ist, desto besser und attraktiver wird das Angebot.

Wenn Sie einen Vorschlag, ein Angebot oder ein Produkt erstellen, denken Sie daran, dass Menschen nach Leichtigkeit, Schnelligkeit und Einfachheit suchen.

Wenn Ihr Produkt nicht in das Kopy- Dreieck passt , überlegen Sie es sich noch einmal. Ändern Sie einige Punkte und Details, damit es bei Ihrem Publikum ankommt.

Wo kann die Edition verwendet werden?

Jetzt denken Sie vielleicht darüber nach, wie Sie das Gelernte und das, was Sie in diesem Buch lernen werden, anwenden können.

Die Wahrheit ist, dass Copywriting jederzeit, für jede Situation und jedes Ziel anwendbar ist.

Schließlich reden wir über Worte. Eine einfache Rede kann also kopiert werden; ein Blogartikel; Oder wenn nicht, ein Buch wie dieses.

als Beispiel das Kopy-Dreieck...

Nehmen wir an, Sie halten einen Vortrag und sind sich über das Thema nicht sicher.

Denken Sie an etwas, das Menschen leicht, schnell und einfach lernen können.

Und was wird sie aufmerksam machen? Kopieren Motivatoren !

Erwähnen Sie auf der Konferenz Themen, die der Person helfen, Geld zu sparen oder Ängste zu beseitigen, wie wir auf den letzten Seiten gesehen haben.

„Victor, ich möchte eine Anti-Falten-Creme verkaufen."

Konzentrieren Sie sich also auf das Angebot: Es muss leicht verständlich sein, schnelle Ergebnisse liefern und einfach zu bedienen sein.

Darüber hinaus können Sie verschiedene Kopien verwenden Motivatoren :

- Sparen Sie Geld: Kaufen Sie nur die Creme und geben Sie keine teuren Behandlungen mehr aus.

- Angst: Lass dich nicht vom Alter beeinflussen, wirke nicht müde";

- Werden Sie attraktiv: sehen Sie schön aus, ohne Falten; Usw!

Sie haben vielleicht schon erkannt, dass es beim Copywriting um mehr geht, als nur um die Verwendung von „hypnotischen Worten" oder ähnlichem, wie viele Leute denken.

Es lässt sich auf jede Situation anwenden und ist in unserem Leben präsent. Es ist mehr als bewiesen, dass es funktioniert und Ergebnisse liefert.

In diesem Buch haben Sie Zugriff auf all diese Informationen, um sie (mit Bedacht) zu nutzen und weitere Ergebnisse im beruflichen, persönlichen und akademischen Bereich zu erzielen.

Ich verwende Copywriting jeden Tag, ohne es zu merken. Es ist für mich zur Gewohnheit geworden.

Ich bin sicher, dass Sie in den kommenden Kapiteln begeistert sein werden, wie sehr Sie Ihr Leben allein durch überzeugende Kommunikation verändern können.

Lassen Sie uns nun einige weitere wichtige Kopierpunkte verstehen.

BLEIB BEI MIR!

SPIELEN IST EINFACH!

Eines der Hauptziele eines jeden Textes besteht darin, „etwas Kompliziertes einfach zu machen".

Je einfacher es zu verstehen ist, desto besser sind die Ergebnisse.

Nehmen wir ein reales Beispiel ... Sie analysierten 30.000 von Donald Trump gesprochene Wörter und stellten fest, dass sich sein Wortschatz an das Niveau eines 8-jährigen Kindes anpasst.

Wir sprechen von einem milliardenschweren Geschäftsmann, äußerst intelligent. Spricht Trump so, weil er halbkundig ist? NEIN!

Denn je einfacher die Kommunikation, desto leichter ist sie für den Empfänger verständlich. Vergessen Sie also den Mythos, dass kompliziertes Sprechen die „Autorität" erhöht und die Leute dazu bringt, Ihnen mehr zu vertrauen. Das ist Blödsinn.

Konzentrieren Sie sich darauf, die Informationen zu vereinfachen, damit jeder Sie verstehen kann.

Ein großartiges Beispiel dafür, wie jemand dies in Brasilien tut, ist Empiricus , ein Finanzverlag. Die Marke kann komplizierte Anlageinformationen in eine Sprache übersetzen, die jeder Laie versteht.

Und deshalb stehen Millionen von Menschen auf Ihrer E-Mail-Liste und folgen Ihrem Newsletter.

Die Redaktion bringt die Leute vom Autopiloten ab!

Ein weiteres Ziel des Kopierens besteht darin, die Person, die Ihre Nachricht liest oder hört, immer zu bewegen, damit sie nicht dem gleichen Muster folgt.

Wenn wir in einem Vortrag von jemandem sind, der keine Erfahrung hat, können wir deutlich erkennen, wie linear die Leitung ist.

Gleicher Tonfall, gleiche Informationen... Keine Neuigkeiten, keine Emotionen. Du fängst an, dich schläfrig zu fühlen.

Das Gleiche passiert, wenn man einen langweiligen Artikel liest. Das nächste, was wir wissen, ist, dass wir an die Reise zum Jahresende denken und sogar vergessen, was wir lesen.

Daher muss Copywriting für Intensität sorgen. Ändern Sie die Grundlage, auf der die Person steht.

Eine Möglichkeit besteht darin, die Kommunikation immer auf „Sie" zu richten. Auf Englisch nennen wir es „You- Oriented ".

Es geht darum, den Zuhörer oder Leser näher zu bringen und ihn direkt anzusprechen.

Selbst wenn Tausende von Menschen lesen oder zuhören, ist die Verarbeitung von Informationen im Kopf individuell, daher verbindet es viel, „Sie" zu sagen und immer im Singular.

Eine andere Möglichkeit besteht darin, schockierende Informationen zu präsentieren. Im vierten Kapitel werden wir über Schmerz und Vergnügen sprechen, eine der wichtigsten Informationen für jeden, der Kopien verwendet.

UNKOMPLIZIERTES COPYWRITING

Ein Beispiel hierfür ist die Aussage: „Du bist Bolsonaro ähnlicher, als du denkst!"

Einige Leute werden es mögen, andere werden beleidigt sein, aber auf die eine oder andere Weise wird es Aufmerksamkeit erregen und den „Autopiloten" kaputt machen.

Der Neugierauslöser (über den wir in Kapitel 4 sprechen werden) wird aktiviert, und solange Sie den Grund für den Vergleich nicht verstanden haben, werden Sie sich nicht beruhigen.

„Victor, kannst du das in jeder Nische machen?" Zweifellos! Raus aus der Norm, aus dem Üblichen. Erfinden Sie, seien Sie authentisch und steigern Sie das Interesse der Menschen an Ihnen.

EDITORIAL SOLL FLÜSSIGKEIT SCHAFFEN!

Wissen Sie, was der Zweck eines Gebets ist? Lassen Sie den Leser/Hörer zum nächsten Satz übergehen.

Usw.

Ziel ist es, die Person vom Anfang bis zum Ende eines Textes oder Videos zu begleiten. Dies ist nur möglich, wenn Sie den Inhalt interessant finden.

Darüber hinaus verwendet er beim Schreiben Copywriting-Techniken, die wir in den nächsten Kapiteln weiterhin sehen werden. Daher sind kurze Absätze immer die beste Option. Dehnen Sie sich nicht zu sehr. Übertreibe es nicht.

Amerikanische Werbetexter haben festgelegt, dass ein Satz nicht mehr als 34 Wörter umfassen sollte. Und im Idealfall sollten Sie die Länge auf etwa 15 Wörter beschränken. Siehe die Sätze in diesem Buch. Sie sind alle kurz, weil sie das Lesen erleichtern und auch die Leseflüssigkeit aufrechterhalten. Werde nicht müde. Es wird dynamisch.

Dies trägt wesentlich dazu bei, dass das Erlebnis für den Leser unterhaltsamer wird.

Das Editorial macht die Dinge interessanter

Viele Unternehmen scheitern, weil sie nichts Attraktives, Interessantes und Auffälliges verkaufen.

Manche Sprachkurse verkaufen beispielsweise die Idee, dass man Vokabeln schneller lernt.

Tatsache ist jedoch, dass niemand Vokabeln lernen möchte. Das ist langweilig.

Was die Menschen wollen, ist, sprechen zu lernen, um an einem Austausch teilzunehmen. Reisen. Genießen Sie neue Erfahrungen.

Jetzt ist es interessanter!

Auch wenn das programmatische Ziel dasselbe ist (Vokabularvermittlung), macht die Art und Weise, wie Sie „das Produkt" präsentieren, einen Unterschied.

Sehen Sie, wie viele Menschen teure Laptops oder High-End-Handys kaufen und nicht alles nutzen, was die Hardware zu bieten hat.

Sie kauften aus Statusgründen, oft weil das Produkt in ihren Augen interessant wurde. Und der „beste" Laptop verkauft sich nicht, weil er nicht so attraktiv ist.

Denken Sie daran: Die Qualität eines Produkts bestimmt nicht seinen Erfolg. Die Produktqualität ist wichtig für Zufriedenheitsraten und reduzierte Rückerstattungen, hat jedoch keinen so entscheidenden Einfluss auf den Umsatz. Verkaufen ist Texten. Marketing.

Nach dem Kauf erfährt die Person, ob das Produkt gut ist oder nicht. Deshalb beschweren sich so viele Berufstätige: „Ich bin besser und gebildeter als der und der und habe nicht so viele Kunden." Der eine oder andere verkauft besser und das bedeutet, dass er ein Portfolio voller Käufer hat.

Wenn Sie Ihr Produkt oder Ihre Dienstleistung in den Augen Ihres Publikums interessanter gestalten, erzielen Sie ein höheres Maß an Konversion und Begehrlichkeit.

Abschließend möchte ich Sie fragen: Würden Sie in einer Favela in Rio de Janeiro übernachten?

Wahrscheinlich nicht...

Aber Mirante do Arvrão ist eines der begehrtesten Hotels der Stadt. Und es liegt direkt in Morro do Vidigal.

Sie haben es geschafft, etwas Uninteressantes (Aufenthalt mitten in der Favela) in etwas Begehrenswertes, sehr Lustiges (Wohnerlebnisse im Herzen von Rio, mit herrlicher Aussicht) zu verwandeln.

ES GEHT ALLES AUF DIE PERSPEKTIVE... ;)

REGEL VON EINEM

Um dieses erste Kapitel abschließend abzuschließen, sprechen wir über eine der Hauptregeln des Copywritings: die „Rule of One" (Regel von Eins).

Jede überzeugende Kommunikation muss gut fokussiert sein. Erzählen Sie nicht mehrere Geschichten. Versuchen Sie nicht, unterschiedliche Emotionen hervorzurufen. Wenn Sie beispielsweise eine Lebensversicherung verkaufen, konzentrieren Sie sich auf Folgendes:

Eine Geschichte: zum Beispiel eine Fallstudie eines zufriedenen Kunden;

Ein Gefühl – wie Schuldgefühle: „Etwas Tragisches passiert dir und deine Familie ist schutzlos"

Ein Versprechen: 24 Stunden am Tag, 7 Tage die Woche die Unterstützung und Betreuung zu haben, die Sie brauchen.

Eine Aktion: Rufen Sie mich an und wir schließen den Deal ab!

Ich sehe, dass viele Leute Kompromisse eingehen und die Conversion reduzieren, wenn sie mehrere Ziele in einer einzigen Kommunikation verfolgen.

Der Versuch, mehrere Produkte in einem Verkaufsstück zu verkaufen, ist nicht der richtige Weg.

Wenn sich die Kommunikation eines Textes auf die Angst konzentriert, erreichen Sie das Ende, indem Sie sich auf die Angst konzentrieren. Verändere dich nicht plötzlich.

„Victor, ich habe unterschiedliche Produkte, unterschiedliche Zielgruppen ... Was ist los?"

Ganz einfach: mehrere gut fokussierte Texte.

Das heißt, ein erster Text zu einem Thema, einem Publikum, einer Geschichte und einer Emotion.

Ein anderer Text zu einem anderen Thema, ein anderes Publikum, eine andere Geschichte und ein anderes Gefühl.

Wir nennen sie „Winkel". Dasselbe Produkt hat unterschiedliche Standpunkte.

Reisen kann beispielsweise gut sein, um (1) neue Leute kennenzulernen, (2) eine neue Sprache zu lernen, (3) auszuruhen und den Geist zu entspannen usw.

Daher muss jedes der drei oben genannten Beispiele eine spezifische Kommunikation haben.

Versuchen Sie nicht, alle drei in einem einzigen Video oder Text zu besprechen, da dies nicht spezifisch ist.

Die Rule of One ist eine der wichtigsten beim Copywriting . Nie vergessen!

Wer bin Ich?

Teil 2

VERGNÜGEN, VICTOR PALANDI

Vielleicht geht es Ihnen jetzt genauso wie mir, als ich mit dem Copywriting-Studium begonnen habe.

Diese Mischung aus Freude, Zweifel und Neugier. Ich kann mich noch gut erinnern, als ich angefangen habe.

LASS UNS DA HIN GEHEN!

Mit 12 Jahren beschloss ich, Sportjournalist zu werden.

Ein Jahr später dachte ich: „Nun, ich werde im Internet schreiben, um mich weiterzubilden und mich auf die Zukunft vorzubereiten."

Dann hatte ich meine erste Erfahrung. Es war auf einem Fußballblog, wo ich mit Artikeln zur taktischen Geschichte auf dem Laufenden gehalten habe.

Es hat viel Spaß gemacht, aber ich wollte auch etwas Geld verdienen. Bald schloss ich mich einem anderen Blog an, um von der Werbung zu profitieren (Google AdSense).

Ich erinnere mich, als wäre es heute...

Ich habe im ersten Monat 30 R$ verdient. Für mich, mit 13 Jahren, war es eine Menge Geld. Ich war glücklich!

Ich dachte: „Was wäre, wenn ich anfange, freiberuflich zu schreiben?"

Ich suchte nach Plattformen, die per SMS bezahlten, und meldete mich an. Ich bekam einen Job, der mir 1,50 R$ pro SMS einbrachte.

Dann habe ich einen anderen gefunden, der mir 2 R$ pro SMS bezahlt hat.

UNKOMPLIZIERTES COPYWRITING

Und so habe ich in meiner Freizeit studiert und gearbeitet und über das Internet Erfahrungen und Geld gesammelt.

Eines Tages wachte ich auf und dachte: „Diese Leute müssen viel mehr verdienen, als sie mir bezahlen. Ich werde auch bloggen."

Und dann gründete ich zusammen mit meinem Freund Leonardo Caprara InfoDiretas . In 10 Monaten erreichten wir mehr als 1 Million Seitenaufrufe und ich nahm an mehreren Veranstaltungen teil, interviewte Vitor Belfort und viele andere Prominente.

Großartige Erfahrung! Dann beschloss ich, weitere Blogs zu erstellen und mit dem Verkauf von Produkten als Affiliate zu beginnen.

Im Grunde habe ich Online-Kurse oder E-Books beworben und für jeden Verkauf eine Provision verdient.

In diesem Moment erkannte ich die wahre Bedeutung überzeugender Kommunikation. Besucher fanden meine Seite über Google, wann immer sie nach kostenlosen Informationen suchten.

Ich muss ein Produkt vorstellen und die Vorteile der Investition aufzeigen.

Dies war einer der Momente, in denen ich am meisten gelernt habe und der mir den Grundstein für die kommenden Jahre gelegt hat.

Ich begann, die E-Mails der Leute über den Blog zu erfassen und für jedes Produkt einen speziellen Trichter mit Advertorials zu erstellen . Also habe ich als Partner alles verkauft, von E-Books zur natürlichen Brustvergrößerung bis hin zu E-Books zum Parfümimport.

Und in dieser Zeit habe ich eine der größten Lektionen meines Lebens gelernt ...

KOSTENLOSE INHALTE IST SCHEISSE!

Ja... Lassen Sie uns hier einige Mythen beseitigen. Mit kostenlosen Inhalten kommen Sie nicht weiter. Diese große Wahrheit habe ich in dieser Zeit entdeckt. Ich hatte mehrere Blogs und gute Inhalte, aber was ich verkauft habe, waren zwei Aktionen:

1. Aggressive E-Mail-Sequenz;
2. Advertorials .

Aus irgendeinem Grund ist der Mythos, dass es notwendig sei, kostenlose Inhalte zum Verkauf zu produzieren, gewachsen und hat unseren Markt verseucht.

Der Satz: „Positionierung entsteht durch Angebote" gefällt mir sehr gut.

Daher ist eine der wichtigsten Lektionen, die Sie aus diesem Kapitel lernen können, dass alle Ihre Inhalte einen bestimmten Zweck haben müssen, der Sie dann dazu führt, Geld zu verdienen.

Ein Artikel kann kostenlos sein, solange sein Ziel darin besteht, die Person letztendlich zum Kauf eines Produkts zu bewegen.

Auf diese Weise handelt es sich nicht nur um kostenlose Inhalte, sondern um eine Verkaufsmöglichkeit.

Im Idealfall denken die Leute immer noch, dass Sie kostenloses Material produzieren, aber Sie hätten planen müssen, dass jedes Video, jeder Artikel, jedes E-Book, jeder Anruf tatsächlich eine Konvertierungsmöglichkeit darstellt.

Als ich anfing, „kostenlose" Inhalte zu produzieren, um Konvertierungen zu generieren, begann ich, aktiv mit Copywriting zu arbeiten.

Unter diesem Namen kannte ich ihn noch nicht, aber da begann ich, mich für Überzeugungsarbeit zu interessieren.

GEBURT DES PALANDI-NETZWERKS

Mit 18 habe ich meine Firma offiziell eröffnet. Ich hatte ein paar Blogs, war freiberuflich tätig und hatte gerade mein erstes Produkt auf den Markt gebracht: Erstellen Sie in 30 Tagen ein erfolgreiches E-Book.

Der Start war kein Erfolg gewesen ... Eigentlich war es ziemlich schlecht.

Ich habe ungefähr 8 Exemplare des E-Books verkauft. Und der Grund war klar: Es gab keine Kopie.

Ich habe keinen Mehrwert für das Angebot geschaffen. Er hatte kein gutes Versprechen. Das Produkt war gut, aber die Kommunikation war überhaupt nicht überzeugend. Ich beschloss, zurückzugehen und mich auf das zu konzentrieren, was ich konnte: Textnachrichten verkaufen und zustellen.

Ich stellte meinen ersten Mitarbeiter ein und erreichte mein erstes finanzielles Ziel: 10.000 R$ in einem Monat. Ich war begeistert! Aber er brauchte mehr Kunden. Erweiterung. Da erkannte ich mehr denn je, dass es notwendig war, überzeugender zu sein. Ich habe mit mehr Energie angefangen, Copywriting zu studieren.

Sieben Monate nach der Gründung des Unternehmens brachte ich mein zweites Produkt auf den Markt: TextMachine .

Die Aufnahme dauerte 14 Tage und es war einer der größten Erfolge meiner Karriere. Heute hat diese Ausbildung Studenten. Wir sind bereits über 5.000. Der Verkaufsbrief und die gesamte Kopie waren gut durchdacht und strukturiert, was den Erfolg ausmachte.

Motiviert brachte ich zwei Monate später das erste Produkt neu auf den Markt. Ich habe den Namen, die Struktur und das ganze Versprechen geändert.

Es funktionierte! Insgesamt erwirtschaftete das Éxito-E-Book rund 35.000 R$ und erzielte am Ende gute Gewinne.

„Gute Produkte verkaufen sich von selbst." Das ist ein Mythos!

Seien Sie vorsichtig mit Ihrer Kommunikation, wenn Sie wirklich verkaufen möchten.

VON R$ 0 BIS ZUM ERSTEN R$ 1.000.000,00 UMSATZ

Während dieser Zeit wurde ich von der UFABC – Universidade Federal do ABC zugelassen. Ich habe versucht, mich mit der Firma zu versöhnen, aber es war kompliziert.

Am Ende habe ich das College auf Eis gelegt, vor allem weil ich gesehen habe, dass meine Bemühungen bei Palandi Network Früchte tragen.

Ich habe mein Auto gekauft. Meine Wohnung. Ich bin nach Aruba gereist und habe ein gutes Leben geführt.

ABER... ICH WOLLTE MEHR!

Traffic teilzunehmen Und Konvertierung Gipfel . Nach 7 Monaten reiste ich erneut in die USA, um an der High Performance Academy teilzunehmen .

Ich entwarf eine weitere Reihe neuer Produkte, vergrößerte die Agentur ... bis ich mich entschied, in einem Coworking zu arbeiten.

Ich brachte 1 Person mit, die mir half... 2... 3... 4. Bis wir das Coworking verließen und zu einem Gewerbestandort gingen! Mittlerweile haben wir 8 Leute in der Agentur und weitere 30 Freelancer, die von zu Hause aus arbeiten. Wir hatten eine intensive Produktion von Artikeln. Es war eine wirklich tolle Atmosphäre, wir waren alle jung und haben uns gut verstanden. Damit habe ich einen weiteren Meilenstein erreicht, der mich sehr glücklich macht: 1.000.000 R$ Umsatz.

In dieser Zeit widmete ich mich bereits täglich mehr und mehr dem Verstehen und Anwenden von Copywriting-Techniken. Und als ich dann Weapons of Persuasion las, wurde mir alles viel klarer.

Ich suchte nach mehr Wissen, das ich in die Agentur integrieren konnte. Wir begannen, Fotokopierdienste anzubieten , was uns mehr Ansehen verschaffte.

Ich habe beschlossen, einen weiteren Schritt zu machen ...

AUFTRITT VON FANTASTIK

Ich wollte tiefer gehen und mehr Zeit in meinem Alltag dem Studium des Textens widmen.

Außerdem würde ich mir mehr Studierende wünschen und das Kursangebot erweitern.

Ich habe ein neues Unternehmen gegründet: Fantastik, dessen Mission es ist, Menschen noch fantastischer zu machen.

Der Start erfolgte mit dem Sales in Practice Video Workshop unter der Leitung von Fernando Parmezani.

Im darauffolgenden Monat gründeten wir die Marke Kopywriting mit dem Ziel, Tipps und Strategien zum Kopieren weiterzugeben.

Im Dezember 2016 veranstaltete ich eine Online-Veranstaltung, bei der der gesamte Erlös an Ärzte ohne Grenzen gespendet wurde.

Und im Januar 2017 wurde Kopy geboren , die erste Online-Schreibschule in Brasilien. Und wir hören nie auf...

Im März veranstalteten wir das KopyFest , die erste Ausgabe der größten Copywriting-Veranstaltung in Brasilien.

Kurz darauf beschloss ich, eine sehr drastische Maßnahme zu ergreifen ...

Ich verließ die von mir gegründete Agentur, um mich ausschließlich Fantastik zu widmen.

Ich wollte mich zu 100 % auf Kurse, Veranstaltungen, E-Books und andere Arten von Produkten konzentrieren können.

Als ob wir bei Null anfangen würden, waren es nur Guga und ich, Designer und Videofilmer bei Fantastik. Mit viel Funken in den Augen für eine neue Herausforderung gehen wir diese Reise an.

Ich hab viel studiert. Ich habe die Produktion von Videos und Texten gesteigert. Neue Produkte entwickelt.

Bald begannen wir, mehr Leute einzustellen, um unsere Produktionskapazität zu erweitern und noch weiter zu wachsen.

Wir haben auch damit begonnen, mehr Präsenzveranstaltungen und Kurse abzuhalten, Hunderte von Menschen zu schulen und in mehrere Bundesstaaten zu reisen.

Und dieser Junge aus der Nordzone von São Paulo erfüllte sich einen weiteren Traum: durch sein erstes Buch das Schreiben von Texten mehr Menschen zugänglich zu machen.

WIE ICH SCHREIBEN GELERNT HABE

Heutzutage ist es für mich eine Gewohnheit, Copywriting zu lernen und zu lehren. In jeder Situation verbindet mein Kopf es mit einer Strategie, die ich im Laufe der Jahre gelernt habe.

Kennen Sie den Verkäufer, der sagt, es seien die letzten Einheiten? Dies ist der Auslöser für den Mangel.

Und die Zigarettenschachtel mit ihren starken Bildern und dem auffälligen Text? Es ist nichts weiter als der Versuch, Angst und Schuldgefühle zu schüren.

Oder wenn Sie ein Angebot „von 1.000 R$ für nur 200 R$" sehen? Es handelt sich um die Technik der Preisverankerung.

All dies ist am Ende so selbstverständlich, dass Sie bald ein Experte für Copywriting sein werden.

Seien Sie versichert, wir haben noch viel Lektüre vor uns und wenn wir uns mit den Grundlagen des Kopierens befassen, werden viele Dinge einen Sinn ergeben und viele Zweifel geklärt werden.

Allerdings müssen wir zunächst die Bedeutung der Zielgruppe vollständig verstehen, um überzeugender zu sein.

Ich habe Copywriting erst richtig gelernt, als mir klar wurde, dass es für dasselbe Produkt kein Richtig oder Falsch, sondern unterschiedliche Zielgruppen gibt.

Rückblickend fallen mir einige merkwürdige Punkte auf ...

Dieser Start, der nicht sehr gut verlief, hatte kein klar definiertes Publikum. Aus diesem Grund war das Versprechen schwach und generierte keinen Wert. Der Erfolg der Agentur begann, als ich meine Zielgruppe so gut verstand, dass ich bei der Unterbreitung des Angebots wusste, wo ihre Schwachstellen und Einwände lagen, und so Hindernisse für den Verkauf beseitigte.

Mir wurde klar, dass ich auf dem richtigen Weg war, als ich Kommentare zu Videos von Leuten bekam, die sagten: „Wow, ich mache das durch!", „Ich habe heute diese Schwierigkeiten" ...

Mit anderen Worten: Ich habe es richtig verstanden, mit meinem Publikum zu kommunizieren, sodass ich begonnen habe, überzeugender zu sein.

Im nächsten Kapitel haben Sie nun Zugriff auf eine Verknüpfung, die Ihnen jahrelanges Testen erspart und Ihnen einen Vorsprung vor Ihren Mitbewerbern verschafft. Möchte ich wetten?

AUF GEHT'S!

Zielpublikum

Teil 3

WESENTLICHE FRAGEN ZU IHRER KOPIE

Wenn wir über die Definition einer Zielgruppe sprechen, denken wir immer an die Grundkonzepte, die wir im Laufe unseres Lebens lernen.

Was ist der Beruf? Einkommen? Gesellschaftsklasse? Usw...

Dies allein hilft uns jedoch nicht, aussagekräftige Texte zu erstellen. Wir brauchen mehr Details.

Darüber hinaus müssen wir auch verstehen, wie der Geist unseres Publikums funktioniert. Deshalb verwende ich heute einen Fragebogen mit sieben wesentlichen Fragen, die Sie bei der Identifizierung Ihrer Zielgruppe immer stellen sollten!

SEHEN WIR, WAS SIE SIND?

WER WIRD DAS PRODUKT KAUFEN?

Definieren Sie, wen Sie erreichen möchten. Geschlecht, Alter, Beruf, Einkommen ... alles, was Sie gewohnt sind und in jedem Marketingbuch angesprochen wird.

Wichtig ist ein klar definiertes Profil, dem Sie sogar einen Namen als Orientierung geben können. Je präziser es ist, desto einfacher wird es, in der Kommunikation durchsetzungsfähig zu sein.

WAS IST DIE PERSÖNLICHKEIT DES KÄUFERS?

Erinnern Sie sich, als wir über das Kopieren sprachen ? Motivatoren ? Wenn Sie die Persönlichkeit Ihres Publikums kennen, können Sie die von Ihnen verwendeten Motivatoren präziser einsetzen.

Nehmen wir an, Sie arbeiten mit einem Publikum, das abnehmen möchte, aber bereits durch mehrere gescheiterte Versuche frustriert ist.

eines der Exemplare Die Motivatoren wollen vielleicht „Geld sparen", weil sie wahrscheinlich schon viel für gescheiterte Diäten ausgegeben haben.

Man spürt auch, dass Entschlossenheit zur Persönlichkeit eines Menschen gehört, denn selbst wenn er frustriert ist, versucht er es weiter.

Und all das hilft Ihnen beim Schreiben eines Textes oder beim Erstellen eines Videoskripts.

WARUM BRAUCHT JEMAND IHR PRODUKT?

Seien Sie offen und verstehen Sie, dass diese Frage für Ihr Publikum äußerst natürlich und häufig vorkommt.

Je nachdem, was Sie verkaufen, wissen die Leute nicht einmal, warum sie es brauchen. Dies ist bei vielen Nahrungsergänzungsmitteln der Fall, beispielsweise bei Chondroitin .

Diese Substanz wird häufig von Menschen mit Arthritis und Arthrose verwendet, aber nicht jeder weiß davon. Oft müssen Sie sehr deutlich machen, warum jemand das braucht, was Sie verkaufen.

Mir ist bewusst, dass viele Menschen damit Schwierigkeiten haben. Sie werden wütend und haben keine Geduld: „Was soll das heißen, Sie wissen nicht, wofür mein Produkt ist?!“

Es ist nicht immer schlecht. Unsere Aufgabe beim Verfassen von Texten ist es, Menschen zu informieren, um sie zum Kauf zu bewegen.

WARUM BRAUCHT JEMAND DAS PRODUKT JETZT?

Dies ist ein weiterer Punkt, den Sie über Ihre Zielgruppe ansprechen sollten: Wie können Sie bei der Kaufentscheidung Dringlichkeit schaffen?

Was können Sie tun, um sicherzustellen, dass das Angebot nicht morgen oder nächste Woche endet?

Die Person versteht beispielsweise, dass sie Englisch sprechen muss, wenn sie höhere Positionen im Unternehmen erreichen möchte.

Manchmal wird die Entscheidung zur Einschulung jedoch verschoben. Mit welchen Argumenten können Sie verhindern, dass ich aufschiebe?

- Das Jahresende naht! Machen Sie es sich zum Ziel, im nächsten Jahr eine neue Sprache zu lernen.

- Überraschen Sie Ihren Vorgesetzten! In vier Wochen können Sie an Sitzungen auf Englisch teilnehmen;

- Die Arbeitslosenquote steigt. Möchten Sie das Risiko eingehen, Ihren Job zu verlieren und kein Englisch in Ihrem Lebenslauf zu haben?

Usw! Je dringender Sie sind, desto besser für Sie.

Was ist das Hauptanliegen derer, die kaufen möchten?

Wenn Sie das Hauptanliegen Ihres Publikums kennen, können Sie viel stärkere Argumente vorbringen.

Aber es ist wichtig, über die Oberfläche hinauszugehen ...

Es gibt eine Technik namens „3 Warum". Es wird dreimal gefragt, warum die Person eine bestimmte Veränderung möchte.

Zum Beispiel:

- Ich möchte abnehmen – Warum?

- Weil ich dünner sein möchte. - Weil?

- Weil ich mich hässlich fühle. - Weil?

- Warum kann ich keinen Freund finden?

Sie haben schnell herausgefunden, dass seine Hauptsorge nicht seine Gesundheit, sondern seine Beziehung ist. Verstehen Sie, dass es ihr eigentlich egal ist, wie die Blutuntersuchungen aussehen, sondern ob Männer sie attraktiv finden?

Deshalb gibt es so viele Produkte, die nicht verkauft werden. Wir arbeiten oft mit dem falschen Anliegen/der falschen Motivation.

WAS GENAU WIRKT DAS PRODUKT FÜR SIE?

Seien Sie konkret und bieten Sie vor allem die Lösungen an, die Ihr Publikum sucht.

Wenn jemand abnehmen möchte, um Männer anzulocken, zögern Sie nicht, dies als einen der Vorteile des Produkts zu bezeichnen.

Wenn Sie „politisch korrekt" sind oder Ihr Bestes geben, werden Sie nicht mehr Kunden gewinnen.

Zum Beispiel Autos. Es gibt eine weit verbreitete Meinung, dass Autos Frauen anziehen.

Wenn also ein junger Mann ein Audi-Cabrio kauft, ist er in 90 % der Fälle Single.

Audi musste nicht damit werben, dass dieses Modell einem bei Frauen hilft, auch wenn der Verkäufer im Autohaus das oft sagt, um den Kunden zu überzeugen.

Was bringt Ihr Produkt also wirklich Ihren Kunden?

Die Senkung des Cholesterinspiegels ist nicht attraktiv. Ein Leben retten und der Person ermöglichen, ihr Enkelkind kennenzulernen, ja. Es kommt auf die Perspektive an.

Jeder hat seine eigene Motivation. Es liegt nicht an uns, den Herausgebern , zu urteilen. Unsere einzige Aufgabe besteht darin, zu wissen, wie wir damit mehr verkaufen können.

WAS MOTIVIERT DEN KÄUFER ZUM KAUF?

Was motiviert Ihren Käufer zum Beispiel, sich für Ihr Abnehmprogramm anzumelden? Das wird sehr unterschiedlich sein...

Nehmen wir an, Ihre definierte Zielgruppe sind Menschen mit niedrigem Einkommen. Vielleicht wäre ein Aktions- oder Einführungsgutschein sehr attraktiv.

Wenn es sich nun um ein Publikum mit hohem Einkommen handelt, könnte ein persönliches Treffen mit Ihnen eine große Motivation sein, auch wenn es das Dreifache kostet.

Ein weiterer Punkt, der hier Einfluss hat, ist die Persönlichkeit...

Wenn es sich um ein Publikum handelt, das verzweifelt nach einer Lösung sucht, ist die Kaufmotivation umso größer, je schneller das Ergebnis ist (erinnern Sie sich an das Kopy- Dreieck?).

Wenn es sich um ein ruhigeres Publikum handelt, das Ihr Produkt als Hobby betrachtet, kann es motivierender sein, etwas Besonderes (z. B. ein signiertes Buch) zu verschenken.

Fazit: Wenn Sie Ihr Publikum verstehen, werden Sie überzeugender sein.

Keine Copywriting-Strategie reicht aus, wenn Sie nicht wissen, wie Sie diese sieben ersten Fragen beantworten sollen.

Lassen Sie uns nun ausführlich auf ein weiteres grundlegendes und äußerst wichtiges Thema eingehen, damit Sie Ihre Conversions steigern können.

UNKOMPLIZIERTES COPYWRITING

Ich habe es nicht so gut verstanden, bis ich sah, wie erfahrene Texter es machten ...

AUCH SIE WERDEN ÜBERRASCHT!
47

WAS HÄLT IHRE PUBLIKUM NACHTS WACH?

Wenn Sie wirklich verstehen möchten, was Sie stört und wie Sie das Leben Ihrer Kunden verändern können, finden Sie heraus, was sie nachts wach hält.

Ich möchte, dass Sie sich in die Gedanken Ihres Publikums hineinversetzen...

Was führt dazu, dass eine Person beim Einschlafen den Schlaf verliert?

Was bringt sie dazu, die Augen offen zu halten und besorgt an die Decke zu starren?

Sie drehen sich von einer Seite zur anderen und wissen nicht, was Sie tun sollen?

In dein Kissen weinen, damit dich niemand sieht?

Da ist der große Schatz! Siehst du warum:

1. Sie werden wissen, was jede Person wirklich braucht, um es schneller lösen zu können;
2. Ihre Kommunikation mit der Person wird so ausgerichtet und einfühlsam sein, dass die Verbindung sofort zustande kommt und Ihre Autorität erhöht wird;
3. Es ist eine Möglichkeit, sich von Ihren Mitbewerbern abzuheben, die immer das Offensichtliche sagen und die Realität der kaufenden Öffentlichkeit nicht zu leben scheinen.

Verbringen Sie daher einige Zeit in Ihrem Leben damit, nach diesen Informationen zu suchen.

UNKOMPLIZIERTES COPYWRITING

Ein verschuldeter Mensch hat sicherlich mehrere Gründe, nachts wach zu bleiben:

- Unfähig, seinem Sohn und seiner Frau Trost zu spenden;

- Die Schande der Familie zu sein, über die jeder am Sonntagmittag reden wird;

- Zu wissen, dass am nächsten Tag viele Leute anrufen und Geld verlangen werden.

Das sind drei Beispiele.

Nehmen wir den Fall einer 40-jährigen Single. Er muss mehrere Beziehungen gehabt haben und keine davon endete. Manchmal lässt er sich sogar scheiden. Was hält Dich nachts wach?

„Ich werde alleine sterben?" „Ich werde zu alt, um Kinder zu bekommen"
„Liegt das Problem bei mir? Was mache ich falsch?"

Die Angst vor Einsamkeit ist sehr stark.

Wussten Sie, dass eines der besten Argumente für den Verkauf von Produkten gegen Impotenz und vorzeitige Ejakulation darin besteht, dass die Frau „über den Zaun springen" kann, wenn ihr Mann sie nicht befriedigt?

In der Praxis wissen wir, dass dies nicht der Fall ist. Eine Beziehung ist viel mehr als Sex. Die Angst und die Scham des Menschen nehmen ihm jedoch diese rationale Seite. Darüber hinaus verzehren ihn Schuldgefühle: „Ich kann meine Frau nicht befriedigen."

Und dann kommt die Frage: „Wird es mich verändern?"

Wenn ein Werbebrief diese Angst an die Oberfläche bringt und besagt, dass Frauen sich zu viele Sorgen um die Leistung eines Mannes im Bett machen, verbessern sich die Geschäftsergebnisse.

Was denkt Ihr Publikum, bevor es ins Bett geht? Was hält Dich nachts wach?

Machen Sie diese Übung, bevor Sie mit dem nächsten Kapitel fortfahren ...

Denken Sie daran: Menschen sind Gier

Gier ist ausnahmslos in uns allen vorhanden. Es existiert sowohl aus biologischen als auch aus sozialen Gründen. Es hat keinen Sinn, dies zu leugnen. Was jedoch passiert, ist, dass wir versuchen, dieses Monster zu kontrollieren und der Gier keinen Raum zu geben. Schließlich ist es „schlecht".

Doch auch wenn wir unsere Energie darauf konzentrieren, die Gier nicht siegen zu lassen, ist es wichtig, dies zu unserem Vorteil im Vertrieb zu nutzen.

Verstehe die Politik...

Scherzen...

Einige Geschäftsleute...

Kirchenführer...

Wir haben überall Beispiele für gierige Menschen.

Bedenken Sie, dass Finanzpyramiden viel größer werden als andere Geschäftsformen, da der Wunsch des Menschen nach „mehr" und „Exzessen" stark in die Öffentlichkeit getragen wird.

UNKOMPLIZIERTES COPYWRITING

Ein Auto, zwei Häuser... Es spielt keine Rolle, ob es illegal ist, ob es kein Produkt gibt oder ob die Basis der Pyramide Geld verliert. Solange der Einzelne immer mehr Geld verdient, wird er glücklich sein und nach immer mehr Möglichkeiten suchen, immer mehr Geld zu verdienen.

Die Lektion, die ich hier hinterlassen möchte, ist, dass eine Kommunikation, die auf angeblich „übertriebenen" Dingen basiert, funktionieren wird, weil wir in unserem Unterbewusstsein gierige Wesen sind.

Solange einige Leute urteilen und sagen: „Sehen Sie, das ist übertrieben, das ist Angeberei", werden sehr viele Leute es kaufen. Funktioniert das so?

Grundlagen des Copywritings

Teil 4

PREIS UND WERT

In diesem Kapitel werden wir die wichtigsten Copywriting-Techniken analysieren und untersuchen, was einen Großteil dessen ausmacht, was wir heute unter Überzeugung verstehen.

In diesem Kapitel erhalten Sie die vollständige Grundlage, sodass Sie sofort mit der Anwendung beginnen und Ergebnisse sehen können, die Ihren Umsatz fast im Handumdrehen steigern.

Lassen Sie uns zunächst den Unterschied zwischen Preis und Wert analysieren. Warren Buffett, einer der größten Investoren der Geschichte, kann uns helfen: „Der Preis ist das, was Sie bezahlen, der Wert ist das, was Sie bekommen."

Stellen wir uns also eine Playstation 5 vor. Heute kostet sie durchschnittlich 3.500 R$. Dies ist der Preis der PS5. Es ist konkret. Es lässt keinen Raum für Interpretationen.

Für mich ist das ein günstiger Preis. Für meine Mutter, die keine Videospiele spielt, ist das ein hoher Preis. Ihrer Meinung nach sind 3.500 Reais teuer.

Das ist Wert: Es ist das, was Sie in jedem Produkt oder jeder Dienstleistung sehen.

Der Wert einer PS5 ist für mich groß, während er für meine Mutter gering ist.

Der gleiche Preis von 3.500 R$ lässt mich denken, dass es billig ist, während es für sie teuer ist.

Wir können andere Beispiele nehmen.

Eine Reise hat für jede Person einen unterschiedlichen Wert, auch der Preis ist gleich.

Wert ist also abstrakt und persönlich und hängt davon ab, wie jede Person eine bestimmte Gelegenheit sieht.

Dies ist für das Copywriting wichtig, denn je mehr Wert Sie in einem Angebot generieren können, desto „günstiger" erscheint es, auch wenn der Preis gleich bleibt.

Stellen wir uns vor, Sie verkaufen einen Englischkurs für 3.000 R$.

Wenn ich einen Englischkurs + einen Spanischkurs ebenfalls für 3.000 R$ anbiete, wird mein Angebot einen höheren wahrgenommenen Wert haben, da es 2 Kurse zum Preis von 1 gibt.

Polishop ist ein klares Beispiel dafür.

Sie beginnen, dem Produkt so viele Boni, Anleitungen und zusätzliche Dinge hinzuzufügen, dass es sogar billig erscheint, wenn sie den tatsächlichen Preis kommunizieren.

Ziel ist es, sicherzustellen, dass der Wert immer höher ist als der Preis.

Versuchen Sie, die Leute zum Nachdenken zu bringen: „Wow, wirklich? Das ist es?", denn dann erzielen Sie täglich höhere Conversion-Raten.

Schmerz und Vergnügen

Zwei weitere sehr wichtige Konzepte im Bereich der Überzeugung sind: Schmerz und Vergnügen.

Alle unsere Entscheidungen basieren auf einem dieser beiden. Alle.

Willst du reich werden?

Damit Sie nicht den Schmerz finanzieller Belastungen erleiden und sich an Komfort und Luxus erfreuen können.

Möchten Sie eine stabile Beziehung?

Nicht den Schmerz der Einsamkeit empfinden und das Vergnügen der Gesellschaft genießen.

Möchten Sie die Welt bereisen?

Es beseitigt den Schmerz der Monotonie und verspürt das Vergnügen, neue Kulturen kennenzulernen.

Ich kann weiterhin endlose Beispiele nennen ...

Wenn Sie also über Ihre Kommunikation nachdenken, appellieren Sie an Schmerz und Vergnügen, was zu besseren Ergebnissen führt.

GOLDENER RAT: Schmerz bringt immer mehr Ergebnisse. Wir vermeiden lieber etwas Schmerzhaftes, als etwas Angenehmes auszuprobieren, wissen Sie?

Darüber hinaus stört der Schmerz über den Verlust viel mehr als das Glück über den Gewinn.

Schauen Sie sich die Einstellungen in der Gesellschaft an...

Viele Menschen werden Beamte, um Stabilität zu haben, auch wenn sie dadurch ein unglückliches Leben in einer Position führen, die ihnen nicht gefällt.

Daher führt die Verwendung von Argumenten, die sich mit Schmerzen befassen, zu großartigen Ergebnissen.

Sehen Sie sich ein Beispiel an:

„Möchten Sie arbeitslos bleiben? Gehen Sie das Risiko ein, keine Arbeit zu finden, ohne Ihrer Familie Trost bieten zu können? Wenn Sie etwas ändern und eine Stelle bekommen möchten, die mehr als 2.500 R$ pro Monat verdient, nehmen Sie an einem technischen Kurs teil." mit unserer Schule X UND Z"

Schmerz und Angst gehen Hand in Hand. Hier können Sie die Technik „Was Sie nachts wach hält" erneut anwenden.

INFORMATION UND WEISHEIT

Kontinuierlich...

Es gibt einen großen Unterschied zwischen dem Verkauf von Informationen und dem Verkauf von Weisheit.

Die Informationen sind zugänglich, sie sind etwas Öffentliches, also Gemeinsames. Es hat keinen großen wahrgenommenen Wert.

Weisheit ist selten. Einzel. Schwer zu bekommen. Es wird sehr geschätzt.

Was viele Kurse zu verkaufen versuchen, sind Informationen, während das Erfolgsgeheimnis darin besteht, Weisheit zu verkaufen.

Als Wise Up in den 1990er Jahren den Englischkurs einführte, der es jedem ermöglichte, in 18 Monaten fließend zu sprechen, brachte das Innovationen mit sich.

Es war die erste Schule mit diesem Versprechen. Deshalb habe ich keine Informationen verkauft (Englisch lernen), sondern Weisheit (die einzige Methode, in 18 Monaten Englisch zu lernen).

Wenn Sie Ihr Wissen verkaufen, ist es wichtig, dass Sie es als Weisheit positionieren, damit die Leute es als einzigartiges Wissen sehen.

Eine schnelle Technik, die Sie verwenden können, ist daher die Erstellung von Nomenklaturen oder Akronymen.

Im Jahr 2015 habe ich eine Schulung namens TextMachine gestartet . Und darin heißt eines der Module POD-Methode, was für Planung, Organisation und Entwicklung steht.

Bedenken Sie, dass dies keine großartige oder verrückte Erfindung ist. Ich habe übernommen, was viele Leute über das Schreiben von Texten lehren, und ihm einen Namen gegeben, um ihn zu differenzieren.

Meine Ausbildung ist die einzige mit der POD-Methode, daher handelt es sich dabei um Weisheit, nicht um Information.

Dies ist eine großartige Möglichkeit, das, was Sie verkaufen, zu differenzieren, auch wenn das Produkt mehreren anderen bereits existierenden Produkten sehr ähnlich ist.

Bald werden wir den einzigartigen Mechanismus kennenlernen und Sie werden einen weiteren Teil des Prozesses verstehen, ein Produkt zu differenzieren, um es unwiderstehlicher zu machen.

GEHE ZUM NÄCHSTEN!

FEATURE, NUTZEN UND TIEFENNUTZEN

Es ist sehr wichtig, dass Sie den Unterschied zwischen diesen drei Konzepten verstehen. Das Merkmal ist konkret. Es ist das, was Ihr Produkt den Menschen bietet. „Mercedes-Benz-Autos haben Ledersitze, ABS-Bremsen und Airbags." Der Nutzen liegt darin, was die Funktionen den Kunden bringen. „Mehr Komfort und mehr Sicherheit, sodass lange Reisen stressfrei möglich sind."

Und der große Vorteil liegt darin, dass nur wenige Menschen es nutzen. Es ist der große Sprung der Katze.

Es geht darum, was die Leute wollen, aber es sollte implizit und nicht explizit sein.

„Mercedes-Benz bringt Status, Bewunderung und zeigt Zeichen von Erfolg und Reichtum."

Ich sage oft, dass ein tiefgreifender Nutzen das ist, was niemand öffentlich zugeben möchte, aber tief im Inneren wissen sie, dass es wahr ist.

Es ist wichtig, dass Sie dieses Gerät leise verwenden. Im Fall von Mercedes werden beispielsweise reiche Leute mit dem Auto gezeigt.

Auf diese Weise sagen Sie Ihrem Kunden nicht, dass er Status haben wird, aber unbewusst wird dies die Botschaft sein.

Sie können auch eine Frau neben dem Fahrer platzieren, um deutlich zu machen, dass ein elegantes Auto schöne Menschen anzieht.

Und das funktioniert in jeder Nische... Reisende prahlen oft gerne damit, dass sie Geld haben. Dies ist letztendlich der tiefgreifende

Vorteil. Wer seine Schüchternheit verlieren möchte, kann sagen, dass er als Vorteil in der Öffentlichkeit sprechen möchte. Aber ein großer Vorteil besteht darin, dass das Interesse die Angst verliert, mit Menschen zu sprechen, die sexuelles Interesse haben.

DAS IST SEHR KRAFTVOLL! VERWENDEN SIE IMMER.

USP – EINZIGARTIGES VERKAUFSANGEBOT

Auch bekannt als „Unique Value Proposition" ist es das Akronym, das in wenigen Worten zusammenfasst, was Ihr Produkt leistet.

Das Ziel besteht darin, in wenigen Sekunden und klar zu sagen, was sich verkauft.

Es ist nicht einfach, einen guten USP zu schaffen. Es ist wichtig, zu lesen, zu überprüfen und nach Meinungen zu fragen, um keine Fehler zu machen.

Ich habe immer die Regel, dass es nur einen Punkt geben sollte, damit es nicht zu lang wird.

Darüber hinaus gibt es ein Modell, das perfekt ist, wenn Sie nicht sehr kreativ sind:

„Die einzige/exklusive [Methode, Schulung, Programm], um XYZ in nur X [Tagen, Wochen, Monaten] zu erreichen, ohne dass YZX erforderlich ist, selbst wenn es ZXY ist."

Zum Beispiel:

„Das einzige Abnehmprogramm, mit dem Sie in nur sieben Tagen fünf kg abnehmen können, ohne ins Fitnessstudio gehen zu müssen, auch wenn Sie keine Diät machen."

„Die exklusive Methode, in nur 12 Monaten Ihre erste Million zu verdienen, ohne Risiken eingehen zu müssen, auch wenn Sie keine Ahnung von Investitionen haben"

Ein USP ist ein Schlüsselelement, um das Produkt oder die Dienstleistung noch überzeugender zu machen.

Es ist wichtig, dass es von Anfang an erstellt wird, damit es während der gesamten Kommunikation als Leitfaden dient.

Wenn Sie nicht in einem Satz erklären können, was Sie tun, liegt das daran, dass Sie verwirrt oder zu kompliziert sind.

Außerdem gilt: Je spezifischer, desto besser:

Vermeiden Sie die Verwendung von „mehr" oder „weniger"; „viel" oder „wenig", da es sich um relative Begriffe handelt.

Für manche ist viel, für andere vielleicht wenig.

Die Zahlen lassen keinen Zweifel zu. Es ist der beste Weg.

EBENE DES BEWUSSTSEINS

Wussten Sie, dass sich die gesamte Kommunikation ändert, je nachdem, wie stark Ihr Publikum sich der Notwendigkeit eines Produkts bewusst ist?

Es gibt vier Bewusstseinsebenen:

- Sehr bewusstlos;

- Unbewusst;

- Bewusst; Ist...

- Sehr bewusst.

Nehmen Sie als Beispiel einen Englischkurs.

Die Leute wissen, dass sie Englisch lernen müssen. Die Bewusstseinsebene ist die höchste.

Es ist nicht notwendig, jemanden davon zu überzeugen, dass es wichtig ist, Englisch zu sprechen.

Deshalb ist die Konkurrenz so groß: Das Publikum besteht aus Menschen, die über Geld verfügen und sich einfach die beste Schule aussuchen.

Nehmen Sie jetzt an einem Mandarin-Kurs teil.

Die überwiegende Mehrheit der Menschen befindet sich im Stadium der völligen Bewusstlosigkeit.

Wenn man jedoch berücksichtigt, dass diese Sprache von einer Milliarde Menschen gesprochen wird und die Möglichkeit besteht, dass sie in den kommenden Jahren an Bedeutung gewinnt, sollten wir sie alle lernen.

Daher muss jeder, der Mandarin-Kurse verkauft, die Person davon überzeugen, dass es wichtig ist, das Fach zu studieren, und sie dann davon überzeugen, einen Vertrag abzuschließen.

Das heißt, es erfordert etwas mehr Aufwand, aber es gibt auch weniger Konkurrenz.

Nachfolgend finden Sie eine Zusammenfassung der Vor- und Nachteile:

SEHR UNBEWUSST UND UNBEWUSST

VORTEILE: weniger Konkurrenz und größere Möglichkeiten zur Loyalität

NACHTEILE: schwieriger und es dauert länger, zu überzeugen

BEWUSST UND SEHR BEWUSST

VORTEILE: Die Leute sind kaufbereit, alles geht sehr schnell.

NACHTEILE: Hoher Wettbewerb und Kampf um den besten Interessenten.

Und wie wirkt sich das auf Überzeugungsarbeit und Nachahmung aus? Einfach…

Wie Sie mentale Auslöser (mehr dazu in Kürze) und andere Strategien einsetzen, hängt vom Bewusstseinsgrad der Person ab.

Auf einer sehr unbewussten Ebene muss mehr Arbeit geleistet werden, um den Interessenten aufzuklären, Gegenseitigkeit zu schaffen und ihm Sicherheit zu geben. Auf einer sehr bewussten Ebene sind diejenigen im Vorteil, die über mehr Autorität und soziale Bewährtheit verfügen. Auch hier ist es möglich, aggressiver zu sein, weil die Person kaufen möchte, sie ist sich nur nicht sicher, ob es bei Ihnen ist oder nicht.

Wenn Sie wissen, wo sich Ihre Zielgruppe in der Customer Journey befindet, können Sie die Haupthindernisse beseitigen, die wir weiter unten sehen werden …

VIER ZENTRALE HINDERNISSE ZU VERKAUFEN

Aladdin Glücklich, Wachstumsspezialist . Hacking hat die vier Haupteinwände ausgewählt, die Menschen haben, bevor sie irgendeine Art von Kauf tätigen.

Es ist sehr wichtig, dass Sie es in Ihrer Kommunikation schaffen, jeden von ihnen zu beseitigen, um den Weg für den Verkauf frei zu machen.

Lasst uns sie verstehen!

„Ich sehe keine Notwendigkeit"

Dieser Einwand tritt häufiger bei Menschen auf, die sich auf der unbewussteren und unbewussteren Ebene befinden.

Sie verstehen nicht, warum sie es brauchen. Daher ist es teuer und eine unnötige Ausgabe für sie.

In diesem Fall ist es wichtig, dass Sie klare Gründe darlegen, die diesen Bedarf ans Licht bringen.

Im Film „Der Wolf von der Wall Street" gibt es die berühmte Stiftszene, in der eine der Figuren sagt: „Schreiben Sie Ihren Namen auf diese Serviette."

Jordan Belfort antwortet: „Ich habe keinen Stift." Und dann bietet er ihr den Stift an. Nun, er hat das Bedürfnis geschaffen.

Es war ein kurzes Beispiel, aber sehr anschaulich.

„Hat kein Geld"

Normalerweise sage ich, dass dies in 90 % der Fälle ein „verlogener" Einwand ist, weil die Leute Geld haben, Ihr Produkt aber nicht priorisieren.

Man sieht, es gibt viele C-Klasse-Leute mit großen Autos. In diesem Zusammenhang hat sie vielleicht nicht viel Geld, aber sie hat Geld, um das Auto des Jahres zu kaufen, denn für sie hat das Auto Priorität.

Deshalb ist es wichtig, dass Sie die Bedeutung Ihres Produkts in ihrem Leben hervorheben, damit Ihr Angebot überspringt und sie es kauft, auch wenn sie in Raten zahlen oder auf andere Produkte verzichten muss.

"Keine Eile"

In dieser dritten Phase versteht die Person bereits, dass sie das Produkt oder die Dienstleistung, die sie anbietet, benötigt, dass sie Geld hat, aber nicht in Eile ist.

Das passiert beim Reisen. Die Person weiß, dass sie reisen muss, sie möchte es wirklich tun, aber es besteht keine Dringlichkeit.

Wie überwinden viele Unternehmen dieses Hindernis? Sie schaffen Werbeaktionen und erzeugen viel Dringlichkeit und Knappheit.

In diesem Fall können Sie den Ansturm „erzeugen".

Schließlich sind Menschen Tiere, in deren DNA das Aufschieben verankert ist. Normalerweise lassen wir alles für den nächsten Tag liegen; Deshalb brauchen wir Gründe, keine Entscheidung aufzuschieben.

„Mangelndes Vertrauen"

Oder die Person misstraut Ihnen oder Ihrem Produkt.

„Ich weiß nicht, ob es so hübsch ist wie das Foto"

„Was passiert, wenn es nie geliefert wird und ich nicht bezahle?"

„Aber gibt es eine Garantie? Woher weiß ich, dass es wahr ist?"

Die gute Nachricht ist, dass Sie kurz vor dem Kauf stehen.

Er hat seine Kreditkarte in der Hand.

Um diese letzte Hürde zu überwinden, ist es notwendig, auf zwei Arten Vertrauen zu gewinnen:

1. Mit Autorität, indem Sie zeigen, dass Sie oder Ihr Unternehmen in der Branche herausragen, über Zeit und Geschichte verfügen und auf dem Markt als Referenz angesehen werden;
2. Mit Social Proof bringen Sie Erfahrungsberichte von zufriedenen Kunden ein und bescheinigen, dass es Käufer gibt, die Ihrem Unternehmen gute Bewertungen geben.

Abschließend bleibt uns noch eine Frage, die den meisten Menschen durch den Kopf geht, wenn sie ein neues Produkt sehen:

„Wenn das so gut ist, warum habe ich dann noch nie davon gehört?"

Es ist implizit wichtig, diese Frage zu beantworten, die Ihrem Publikum im Gedächtnis bleibt.

Na ja, man kann sagen, es ist ein Start...

Oder dass die Registrierung auf wenige Personen beschränkt war ...

Oder sagen Sie sogar, dass es sich um einen Krieg gegen Konkurrenten voller Geld handelt, sodass diese nicht die gleiche Popularität erreichen können.

Auf jeden Fall sollten Sie ihnen klar machen, dass sie noch nie davon gehört haben, Sie aber vertrauenswürdig sind und halten, was Sie versprechen.

REGEL DER 3 TESTS

Eine der größten Maximen beim Copywriting ist, dass Sie jede Aussage, die Sie machen, beweisen müssen.

„Gilt als das beste Produkt auf dem Markt." Von wem? Wann?

Menschen glauben und vertrauen, wenn sie sehen, dass das, was Sie sagen, tatsächlich wahr ist.

„Ich kann dafür sorgen, dass du in 5 Tagen 5 kg abnimmst." Weil? Wer garantiert mir?

Es ist normal, dass Menschen zweifeln.

Dafür gibt es die Regel der drei Tests: In einem Argument liegen drei Arten von Beweisen vor.

1. „Unbestreitbare Beweise": Das, in dem Grafiken, Statistiken oder wissenschaftliche Studien präsentiert werden. Es ist die Art von Beweis, an der man nicht zweifeln kann.
2. „Medium Test": Konzentriert sich stärker auf Internetportale, Websites, Fernsehsendungen und andere relevante Medien. Es ist nicht unbestreitbar, aber die Leute glauben, dass es einen Wert hat.

- „Social Proof" – das sind wir gewohnt: Video-Testimonials, Text-Testimonials, Interviews mit erfolgreichen Kunden usw. Es ist sehr mächtig, aber eines der am einfachsten zu manipulierenden, sodass es etwas an Glaubwürdigkeit verliert.

Wenn Sie also eine größere Überzeugungskraft erzeugen möchten, kombinieren Sie diese drei Arten von Beweisen.

Nutzen Sie Statistiken, Zeitungsartikel und Erfahrungsberichte; oder wissenschaftliche Studien, Fernsehsendungen und Interviews. Auf diese Weise erreichen Sie den potenziellen Kunden aus allen Blickwinkeln und maximieren Ihre Conversion.

POSITIONIERUNG IN DER KOPIE

Dies ist einer der wichtigsten Punkte für den Erfolg jeder überzeugenden Kommunikation.

Frank Kern, einer der größten Texter der Gegenwart , sagt: „Wir müssen diejenigen abschrecken, die wir nicht wollen, um diejenigen anzuziehen, die wir wollen."

Das bedeutet, dass Sie von dem Moment an, in dem Sie sagen, dass Sie Grün hassen und Rot lieben, viele Menschen verlieren werden, die Grün lieben, Sie aber diejenigen anziehen werden, die Rot lieben und auch Grün hassen.

Daher magnetisiert die Abstoßung einiger andere andere. Und was hat das mit der Positionierung zu tun? Seien Sie nicht unentschlossen. Niemals. Sagen Sie nicht, dass Ihre Methode gut ist, sondern dass es auch andere gute gibt.

Klar sein. Gerade. Extremist.

Ihre Methode ist die beste, Punkt.

Kämpfe dafür.

Schauen Sie sich die Richtlinien an. Donald Trump, Lula, Bolsonaro ... Unabhängig von ihrer politischen Meinung sind es Menschen, die die Massen mit ihrer klaren und klaren Vision überzeugt haben.

Während viele jeden von ihnen hassen, lieben andere sie leidenschaftlich.

Sie, Ihr Unternehmen und Ihr Produkt sollten nicht jedem gefallen. Im Gegenteil, sie müssen das richtige Publikum erfreuen.

Deshalb ist es bei einer Kopie wichtig, immer Partei zu ergreifen.

billig verkaufen carb , diese Philosophie muss mit allen Mitteln verteidigt werden und alle anderen unter sie stellen.

Durch diese Positionierung werden Sie bei denen, die Ihrer Vision zustimmen, besser in Erinnerung bleiben und Sie beliebter machen, auch wenn sie Gegner mit sich bringt …

…denn das ist das Erfolgsgeheimnis von Politik, Fußball, Religion und höchst erfolgreichen Produkten in der Geschichte.

Nicht nur das, das nächste Thema ist auch wichtig!

GRUND WARUM

Deshalb widmen Sie sich Ihrem Projekt oder Produkt.

Mit anderen Worten, Ihre „Mission".

Ich finde das sehr interessant...

Wenn wir ein Warum hinzufügen, lassen sich die Menschen leichter überzeugen und schließen sich sogar der Sache an.

Nehmen wir daher das Beispiel des folgenden Themas Kohlenhydrate , Ihr Grund warum könnte es sein:

„Ich möchte mehr Menschen in Brasilien Gesundheit und Gewichtsverlust ermöglichen und der Lebensmittelmafia ein Ende setzen, die versucht, uns alle süchtig nach Kohlenhydraten zu machen, um mehr Geld mit Fettleibigkeit zu verdienen."

Es sieht viel schöner aus, oder? Egal wie viele Leute es kritisieren, es wird immer noch eine große Anzahl von Menschen anziehen, die dieser Aussage zustimmen.

Dieser „Zweck" trägt auch dazu bei, Ihre Kopie überzeugender zu machen, da dadurch das Gefühl beseitigt wird, dass der Verkäufer nur Ihr Geld will.

Überlegen Sie sich einen wirklich interessanten Grund und nutzen Sie ihn, wann immer möglich. Machen Sie es zu Ihrem Mantra. Schließlich kann es Ihnen sogar bei Werbeaktionen helfen.

Beispielsweise haben Sie den Preis auf die Hälfte gesenkt. Der Grund dafür ist, dass es zugänglicher wird und mehr Menschen dabei hilft, gesund zu leben und sich von den Fängen der Lebensmittelmafia zu befreien.

Je öfter Sie es wiederholen, desto mehr Menschen werden davon überzeugt sein, dass es wahr ist (sagen Sie also immer Ihre Wahrheit, Lügen ist hässlich).

Und eine der effektivsten Möglichkeiten, eine Vernunft zu stärken. Warum ist es mit einer guten Geschichte? Lassen Sie uns im nächsten Thema besser verstehen ...

GESCHICHTE

Die Kunst, Geschichten zu erzählen. Eine uralte menschliche Fähigkeit, die im Bereich der Überzeugungskraft äußerst mächtig ist.

Die Wissenschaft hat bereits bewiesen, dass das Hören von Geschichten zur Ausschüttung von Oxytocin führt, dem Hormon des Glücks und der Liebe.

Bevor Sie also jemanden bitten, bei Ihnen einzukaufen oder Ihnen zu spenden, erzählen Sie ihm eine Geschichte.

Eines der beliebtesten Modelle ist die Heldenreise, die im Kino und in den unterschiedlichsten Büchern und Biografien verwendet wird. Es besteht aus 12 einfach anzuwendenden Schritten, die explosive Ergebnisse liefern.

In einer Geschichte gibt es zwei sehr wichtige Punkte: Leiden und endgültiger Triumph.

Verstehen Sie... Niemand erringt jemals einen leichten Sieg. Das verbindet sich nicht. Nicht überzeugend. Harry Potter leidet... Batman leidet... James Bond leidet... Unternehmer scheitern, bevor sie Erfolg haben... Das ist kein Zufall. Die Geschichte soll überzeugender sein.

Und es gibt immer einen Feind...

GEMEINSAMER FEIND

Ich bin ein großer Fan dieser Technik.

Es ist äußerst effektiv und hat eine enorme Überzeugungskraft.

Es geht darum, einen Feind für Ihr Produkt oder Unternehmen zu „adoptieren". Was meinst du, Victor?

Einfach...

So wie wir Geschichten mögen, mögen wir auch Bösewichte.

Naturheilkunde kämpft gegen die Pharmaindustrie...

Corinthians hat Palmeiras als Bösewicht und umgekehrt ...

Links gegen rechts...

Intervallfasten versus Essen alle 3 Stunden...

Hast du den Geist?

Mit einer klaren Positionierung ist es einfacher, einen gemeinsamen Feind zu finden.

Wenn Sie definieren, gegen wen Sie „kämpfen" möchten, werden die Menschen, die Ihre Vision unterstützen, diesen Bösewicht ebenfalls in ihr Leben aufnehmen.

Und der gemeinsame Feind ist so mächtig, dass er Menschen blenden kann.

Während der brasilianischen Präsidentschaftswahl 2018 holte Jornal Nacional einige Kandidaten zu Vorstellungsgesprächen.

UNKOMPLIZIERTES COPYWRITING

Es war unglaublich, wie jeder, der sie sah, je nach politischer Position eine völlig andere Sicht auf den anderen hatte.

Der gemeinsame Feind eines jeden war so klar definiert, dass sie das Programm bereits mit einer vordefinierten und völlig unveränderlichen Meinung verfolgten. Kurz gesagt ... Wenn Sie sich mit niemandem gestritten haben, verpassen Sie eine goldene Gelegenheit!

Transsubstanz

Der Name stammt aus der katholischen Kirche, hat hier aber eine andere Bedeutung.

Es ist die Technik, etwas Gewöhnliches in etwas Verführerisches zu verwandeln.

Auf diese Art?

Nehmen Sie als Beispiel Dividenden.

Ich kann sagen:

„Ich zeige Ihnen, wie Sie von den Dividenden leben können."

Oder ich kann sagen:

„Ich zeige dir, wie du Geld verdienst, ohne zu arbeiten."

Natürlich erfordert die richtige Investition Arbeit, aber Sie müssen nicht bei Grendene arbeiten, um die ausgeschütteten Gewinne des Unternehmens zu erhalten.

Ich präsentiere also dasselbe, aber mit anderen Worten.

Dividenden sind ein langweiliges Wort. Nun ist „Geld verdienen ohne zu arbeiten" viel interessanter, oder?

Viele Menschen, die im Internet arbeiten, verwenden den Begriff „Geld verdienen im Schlaf". Und das stimmt, schließlich finden alle Verkäufe zwischen 23 und 9 Uhr statt, während ich auf dem Kissen sabbere (ja, ich schlafe viel).

UNKOMPLIZIERTES COPYWRITING

Diejenigen, die die Transsubstantiation anwenden, erleben eine enorme Verbesserung der Bekehrung, da sie fast sofort Aufmerksamkeit und Interesse weckt.

Schauen wir uns nun auch eine weitere sehr interessante Technik an, die nur wenige Unternehmen nutzen (aber sie sollten!).

Nutzen Sie den offensichtlichen Vorteil

Ist Ihnen schon einmal aufgefallen, dass auf manchen Öletiketten „cholesterinfrei" steht?

Tatsache ist, dass kein Pflanzenöl Cholesterin enthält.

Dies ist ein Beispiel für die offensichtliche Vorteil-Gewinn-Technik.

Nicht alle Menschen wissen, dass Pflanzenöl kein Cholesterin enthält, daher machen die Hersteller dies deutlich, als wäre es ein Vorteil dieser Marke.

Auf der Verpackung von Leite Ninho steht „Quelle für Kalzium und Protein". Jede Milch ist eine Quelle für Kalzium und Protein, aber nicht jeder weiß es. Dies lässt das Produkt scheinbar anders erscheinen und trägt zur Umsatzsteigerung bei.

Und es ist keine Lüge: Ninho hat nicht gesagt, dass es das einzige ist, er hat lediglich gesagt, dass es Kalzium und Protein enthält.

Welchen offensichtlichen Vorteil hat Ihr Produkt oder Ihre Dienstleistung, den Sie nicht ausnutzen?

Verlieren Sie das nicht aus den Augen, okay?

BERG IN EINEM NIEDERLÄNDISCHEN POLDER

Ich habe in einem europäischen Schreibbuch über diese Technik gelesen, daher die Besonderheit, in der Metapher einen Polder zu verwenden .

Was ist die Idee?

Polder ist ein flaches Land in den Niederlanden, genau wie Holland. An diesen Stellen ist alles sehr gleichmäßig.

Rechts. Keine wesentlichen Änderungen. Völlige Gleichheit.

Und wenn ein Verkaufsgespräch so ist, ohne Neuigkeiten, verliert es seinen Glanz.

Die Leute verlassen das Video, hören auf, aufmerksam zu sein, hören auf zu lesen ... Es ist nicht aufregend.

niederländischen Polder zu platzieren , was bedeutet, dass er etwas einbezieht, das das Gesamtbild verändert.

Eine Herausforderung. Ein Problem. Eine Geschichte. Es ist wichtig, Emotionen zu wecken, den potenziellen Kunden dazu zu bringen, sich Veränderungen vorzustellen und Möglichkeiten zu visualisieren.

Kurz gesagt geht es darum, Menschen aus ihrer Komfortzone zu holen, sie aus dem Autopilot-Modus herauszuholen und ihnen während Ihres Verkaufsgesprächs, Artikels oder Videos eine Portion Abenteuer zu bieten.

BESTE WÜNSCHE ZUM VERKAUF

Zu allen Gründen, aus denen wir einen Kauf tätigen müssen, gehört ausnahmslos einer dieser 4 Wünsche.

Sie sind: Akzeptanz, Anerkennung, Bewunderung und Liebe.

„Victor, ich möchte ein Buch kaufen. Welches entspricht meinen Wünschen?"

Es kommt darauf an...

Wenn Sie lesen möchten, um intelligenter zu werden, suchen Sie möglicherweise nach größerer beruflicher Anerkennung.

Oder die Bewunderung von Familie und Freunden bei der Arbeit.

Eine Wohnung kann die Suche nach Anerkennung („Ich habe eine Immobilie!") oder auch nach Liebe („Eine kleine Ecke für meine Familie") bedeuten.

„Ich möchte Medikamente kaufen!"

Es ist aus Liebe... Selbstliebe, Liebe für deine Familie.

Es scheitert nicht. Schon der Kauf eines Gewürzes kann bedeuten: „Ich möchte, dass meine Schwiegermutter mich als eine Person akzeptiert, die in der Lage ist, für ihr Kind zu sorgen."

Erinnern Sie sich an den tiefgreifenden Nutzen? Es kommt hier oft zur Sprache, wenn wir über diese 4 Wünsche sprechen.

Wenn Sie verstehen, worauf Sie in Ihrem Text am sorgfältigsten eingehen, können Sie Ihre gesamte Kommunikation besser planen, um maximale Überzeugungskraft zu erzielen.

PREISANKER

Dies ist eine sehr beliebte und gängige Strategie im Alltag.

Es ist nichts weiter, als dem potenziellen Kunden einen fiktiven Preis in den Kopf zu setzen, bevor er den tatsächlichen Preis nennt.

Der Klassiker „Von X für Y" ist ein Beispiel. Wir können jedoch kreativer sein ...

Eine meiner Lieblingsmethoden, diese Technik anzuwenden, besteht darin, in meinem Verkaufsgespräch Werte zu eliminieren, die höher sind als der Preis des Produkts.

Sagen wir etwas Persönliches Der Trainer wird ein Trainingsprogramm für 200 R$ starten.

Man kann sagen, dass Sie bereits einen Kunden hatten, der 1.000 R$ bezahlt hat.

Nehmen wir an, Sie haben einen Kurs belegt, der 3.000 R$ kostet.

Beachten Sie, dass Ihr Stundensatz 300 R$ beträgt.

All dies geschieht natürlich während des gesamten Gesprächs, Texts oder Videos, da diese Werte in das Unterbewusstsein des Interessenten eindringen.

Wenn Sie den Pitch machen und den Preis nennen, wird die Person denken: „Wow, es gab einen Kunden, der 1.000 R$ bezahlt hat. Er hat dort 3.000 R$ für einen Kurs ausgegeben. Seine Ausbildung wird ihn viel kosten!"

Wenn Sie also sagen, dass es nur 200 R$ kostet, vermittelt das den Eindruck, es sei billig.

Anstatt das klassische „Von X nach Y" zu befolgen, legen Sie die Preise im gesamten Skript auf natürliche Weise fest.

EINZIGARTIGER MECHANISMUS

Sie haben ein Alleinstellungsmerkmal.

Es hat eine Positionierung.

Ein einziger Mechanismus fehlt. Was ist das?

Ganz einfach: Es ist der Faktor, der Ihr Produkt von allen Mitbewerbern unterscheidet. ALLE.

OHNE AUSNAHME.

Jede Kopie soll dem Interessenten Hoffnung geben, dass das Problem, unter dem er leidet, gelöst wird.

Wenn Ihr Produkt mehr vom gleichen ist, wird es schwierig sein, es zu überzeugen.

Das Argument „Meins ist besser" funktioniert nicht, denn „besser" bedeutet, dass Ihr Produkt eine andere Version von dem ist, was nicht funktioniert.

Nun ist das Argument „Meiner hat etwas, was die anderen nicht haben, also funktioniert meiner und die anderen nicht" viel überzeugender und überzeugender.

Wie wird dieser einzigartige Mechanismus gefunden?

Clear, ein Unternehmen für Anti-Schuppen-Shampoos, verwendet den Begriff „Bio". Booster als Ihr einzigartiger Mechanismus gegen Schuppen.

Andere Shampoos haben möglicherweise ähnliche Wirkstoffe, aber keines enthält Bio Booster . Es ist einzigartig.

Polishop ist derjenige, der es meisterhaft macht.

Jedes ihrer Produkte verfügt über einen außergewöhnlich starken Mechanismus, was erklärt, warum die Technologie so fortschrittlich und effektiv ist.

Auch wer nicht kocht, möchte einige Geräte von der Firma kaufen!

„Victor, arbeite mit Wissen, Kursen, Veranstaltungen.“

Sie können sich auch einen einzigartigen Mechanismus vorstellen!

Beispielsweise können sich Sprachkurse in mehreren Punkten unterscheiden.

„ MusicLnr : Der Einzige, der Englisch mit Liedern unterrichtet“;

„ Grammatikfreie Methode : die einzige, bei der Sie Englisch lernen, ohne Grammatik zu lernen“;

„English60: Der einzige Englischkurs für Senioren, der von Leuten unterrichtet wird, die die Herausforderungen der über 60-Jährigen verstehen.“

Und natürlich sollten Sie Ihrer Methode immer einen Namen geben, um Ihren einzigartigen Mechanismus zum Leben zu erwecken.

Hier sind 2 Punkte gefragt: das Publikum gut kennen und kreativ sein, um eine Marktlücke zu finden.

Was Sie nicht tun können, ist, immer wieder mit dem Gleichen herauszuplatzen und zu sagen, dass Ihres „besser“ sei, denn das reicht nicht aus.

4 US DES TITELS

Wechseln wir schnell das Thema...

Schlagzeilen sind die Aufrufe oder Titel vor einem Text, Video oder einer Verkaufsrede.

Es ist ein wichtiger Teil des Überzeugungsprozesses, denn es dient dazu, die Aufmerksamkeit des Interessenten zu fesseln und Interesse an dem zu wecken, was als nächstes kommt.

Eine Möglichkeit herauszufinden, ob Ihre Überschrift gut ist, besteht darin, zu prüfen, ob sie zu den „4 Wir" passt:

- Dringend;

- Ultraspezifisch ;

- Nützlich;

- Einzel.

Schauen wir mal in der Praxis...

„Die wirksamste Massage, um Haarausfall in nur 14 Tagen zu stoppen, ohne Medikamente oder Cremes."

- Es eilt? Ja, wer unter Haarausfall leidet, kann nicht lange warten, um eine Lösung zu finden;

- Ist es ultraspezifisch ? Ja, weil es klar macht, was es ist, was es nicht ist und wie lange es dauern wird, bis es wirksam wird;

• Es ist nützlich? Sehr! Wer unter Haarausfall leidet, möchte etwas über diese „effektivste Massage" wissen;

• Es ist einzigartig? Es gibt keine andere Schlagzeile , die das Gleiche verspricht.

Bereit! Sie haben einen Anruf erstellt, der alle Voraussetzungen für einen Erfolg erfüllt.

Testen, modifizieren, andere Leute um ihre Meinung bitten ... Ein guter Anruf kommt nicht immer sofort.

Und da Sie nun die mentalen Auslöser kennen, wird es Ihnen leichter fallen, zu überzeugen.

LASS UNS DA HIN GEHEN?

MENTALER AUSLÖSER

Dies ist eines der beliebtesten Themen, wenn jemand anfängt, Copywriting zu studieren. Psychische Auslöser hängen fast schon mit „Magie" zusammen. Viele nennen es „hypnotische Worte".

Es tut mir leid, aber es ist übertrieben.

Auslöser sind mentale Abkürzungen, die wir nutzen, um Entscheidungen zu treffen, ohne rationalisieren zu müssen. Wenn wir in unserem täglichen Leben alles entscheiden müssten, würden wir verrückt werden. Wir nutzen diese Abkürzungen aus Überlebensgründen.

Robert Cialdini hat das wunderbare Buch Weapons of Persuasion geschrieben, in dem er die wichtigsten mentalen Auslöser und wie man sich dagegen verteidigt, vorstellt. Allerdings haben wir auch gelernt, sie in unserem Marketing zu nutzen.

Das Beste ist: Da es ein Werkzeug unseres Unterbewusstseins ist, ist es äußerst effektiv, Ihr Publikum zu überzeugen.

Die durch Robert verursachten mentalen Auslöser sind:

- Gegenseitigkeit;

- Engagement und Kohärenz;

- Soziale Anerkennung;

- Erpicht;

- Behörde;

- Mangel.

Es gibt mehrere andere, wie z. B. Dringlichkeit und Ereignis. Wenn Sie diese Hauptthemen jedoch zunächst beherrschen, haben Sie bereits eine gute Ausgangslage.

Der Auslöser für Social Proof kann beispielsweise in unserer Entscheidung für ein Restaurant gesehen werden.

Sie sehen zwei Konkurrenten nebeneinander. Einer voller Menschen, die fröhlich essen, und der andere leer. Sofort, zu welchem würden Sie lieber gehen?

Wie voll! Wenn viele Leute dort sind, bedeutet das schließlich, dass es in Ordnung und genehmigt ist.

Dies ist eine Abkürzung für eine schnelle Entscheidung. Dies kann manipuliert werden.

Einige Restaurants stellen Kunden an den Eingang, um den Eindruck zu erwecken, dass er voll ist, und wenn der Gast hereinkommt, stellt er fest, dass der Innenbereich ziemlich leer ist.

Ein weiterer zu bedenkender Punkt: Warum unterstützen die meisten Kinder dieselbe Fußballmannschaft wie ihr Vater?

Da der Vater eine Autorität für das Kind ist, vertraut und glaubt er schon in jungen Jahren an das, was gesagt wird: „Sohn, das ist das beste Team."

Das Kind nimmt diese Informationen leicht auf, da der Held sein Vater ist und das Kind ihn noch nicht befragt.

Und wenn Mama und Papa jubelnd im Raum sind, ist das immer noch ein toller sozialer Beweis für den Kleinen, dass er dieses bestimmte Team liebt.

UNKOMPLIZIERTES COPYWRITING

Es sind die kleinen Alltagshandlungen, bei denen wir erkennen, wie still die Auslöser sind.

Kommen wir nun zum nächsten Thema zu den Grundlagen des Copywritings.

Es ist eine Möglichkeit, schnell Autorität zu erlangen ...

STRATEGIE AUF DIE SCHULTER DER RIESEN KLETTERN

Viele Leute fragen mich: „Wie kann ich beweisen, dass ich eine Autorität bin, wenn mich niemand kennt?"

Zusätzlich zu Diplomen und Lebensläufen können Sie die Autorität anderer nutzen, um Ihre eigene zu stärken.

Daher der Name „auf den Schultern von Riesen stehen".

Nehmen wir an, Sie arbeiten mit Coaching...

Trainern zusammenzuarbeiten, um das Vertrauen derjenigen zu gewinnen, die ihnen vertrauen.

Es könnte in einem Interview, live, in einem Gastbeitrag auf dem Blog sein ... Wichtig ist, dass die Autorität Sie ihrem Publikum präsentiert.

Wer also diesem Coach vertraut, wird Ihnen vertrauen, weil er ihn empfohlen hat.

Auf diese Weise können Sie schnell ein großes Publikum gewinnen.

Und sie müssen nicht nur große Autoritäten sein ...

Wenn Sie mit jemandem, der 1000 Follower hat, einen Live-Auftritt auf Instagram machen, werden bereits Hunderte von Menschen Ihre Geschichten sehen und Ihre Arbeit kennen.

Das ist im Grunde das, was in der Politik passiert, wenn ein großer Mann seinen Kandidaten aufwirft.

DIESE STRATEGIE IST GOLD!

AUFRUF ZUM HANDELN

Call -to- Action oder Call-to-Action ist nichts anderes als die Aufforderung an die Person, etwas zu unternehmen.

Es scheint einfach, aber viele Menschen vergessen es oder schämen sich dafür.

Ich nehme immer gerne Bettler als Beispiel. Ich verstehe nicht?

Stellen wir uns einen Obdachlosen vor, der Geld braucht, um Lebensmittel zu kaufen.

In der ersten Situation sitzen Sie in Ihrer Ecke. Sie schauen aus dem Inneren des Autos und bereuen es.

Wie hoch sind die Chancen, die Tür zu öffnen, auf ihn zuzugehen, ihm einen 2-R\$-Schein zu geben und zum Auto zurückzukehren?

Null Chancen!

Wenn er nun zu Ihnen kommt und Sie zum Handeln aufruft:

„Gib mir bitte etwas Geld zum Essen!"

Die Chancen, dass Sie etwas spenden, sind viel höher.

Der Bettler hat Sie zum Handeln aufgerufen und um Geld gebeten.

Erwarten Sie nicht, dass Menschen aus freien Stücken handeln.

Frag sie:

"Kaufe jetzt."

„Registrieren Sie sich."

„Laden Sie dieses kostenlose E-Book herunter.“

„Holen Sie sich Ihr Ticket für das KopyFest.“

Legen Sie Ihre Schüchternheit beiseite und sagen Sie mit Überzeugung, was der Empfänger tun soll!

Klarheit ist wichtig, um die Conversions zu steigern.

TEST „Na und?"

Dies ist einer meiner Lieblingstests.

Wir vergessen oft, dass jede Kommunikation dem Leser einen Nutzen bringen muss.

Das „Na und" leitet uns beim Schreiben, sodass klar wird, wie nützlich diese bestimmte Information für den potenziellen Kunden ist.

Wie funktioniert es? Stellen wir uns Folgendes vor...

Du hast so niedrig geschrieben Kohlenhydrate sind die Nahrung, die am meisten Fett verbrennt.

Sie wenden also diesen Test an:

„Und was ist, wenn der Wert niedrig ist? Kohlenhydrate sind die Diät mit der höchsten Fettverbrennung?"

Du antwortest:

„Das bedeutet, dass Sie in kürzerer Zeit mehr Gewicht verlieren und schnell schlanker und schlanker werden."

Sehen Sie, wie dieses einfache „Na und" es Ihnen ermöglicht, im Interesse Ihres potenziellen Kunden durchsetzungsfähiger zu sein?

Ein anderes Beispiel...

" Kaufen Und Halten ist die sicherste Anlagestrategie."

UND?

„Mit anderen Worten: Sie verdienen Geld mit weniger Risiko, ohne sich Sorgen machen zu müssen, dass Ihr Vermögen im Laufe der Jahre abnimmt."

Bereit! Er wurde viel überzeugender.

Eine einfache Tatsache verdeutlicht möglicherweise nicht den Vorteil für die Person.

Je expliziter es ist, desto weniger Raum für Zweifel.

Hinweis: Ich befürworte kein niedriges Niveau Kohlenhydrate oder kaufen Und halten . Dies sind nur Beispiele. ;)

WELPEN-CHECK

Leider kommt kein Exemplar gleich beim ersten Mal heraus. Es ist immer wichtig, Anpassungen vorzunehmen.

Und eines der Testmodelle ist CUB, das aus dem Englischen stammt:

- Verwirrend ;

- Unglaublich ;

- Gelangweilt .

Es besteht darin, dass Sie alles, was Sie geschrieben haben, noch einmal lesen und prüfen, ob jeder Satz oder Absatz einen dieser drei Punkte berührt.

Wenn Sie es nicht richtig verstehen, verwirrt sind, müssen Sie etwas ändern ...

Wenn Sie es gelesen haben, ihm aber nicht wirklich vertraut haben, es war erstaunlich, dann brauchen Sie Beweise (erinnern Sie sich an die drei Jungs?) ...

Wenn Sie es gelesen haben, aber aufhören wollten, weil es langweilig wurde, müssen Sie es umschreiben, um es interessanter zu machen.

Und wenn Sie nicht wissen, welcher Text die meisten Ergebnisse liefert? Hier kommen die Tests...

A/B-TESTS

Copywriting macht Spaß... Man weiß nie, was die besten Ergebnisse bringt. Manchmal hat man einen großartigen Text geschrieben, und wenn man ihn in die Tat umsetzt, führt ein einfacherer Text zu besseren Ergebnissen.

Erst wenn Sie es ausprobieren, wissen Sie, was für Ihr Unternehmen am besten funktioniert.

Beim A/B-Testing wird eine Kopie (A) genommen und eine andere Kopie (B) herausgefordert.

Der Gewinner wird zum „Titelverteidiger", der sich einer weiteren Prüfung stellen muss.

Auf diese Weise verbessern Sie stets Ihre Kommunikation und erzielen mehr Ergebnisse.

Was wird zum Beispiel mehr Umsatz generieren:

„Jetzt kaufen" oder „Ticket sichern" auf den Button setzen?

Ich weiß es nicht, ich teste nur, um es herauszufinden.

Es kann sein, dass einige von ihnen 5 % mehr Conversion generieren. Am Ende verdoppeln Sie alle 5 % Ihr Einkommen. Testen ist äußerst wertvoll!

ANGEBOT-CHECKLISTE

Ein Angebot ist die Präsentation Ihrer Chance. Dabei kann es sich um den Verkauf eines Produkts oder die Bitte um eine Spende bei einer NGO handeln.

Mit anderen Worten: Wenn Sie der Person Gründe nennen, Ihnen Geld als Gegenleistung für etwas zu geben.

Woher wissen Sie, ob Ihr Angebot überzeugt? Ich folge einer Checkliste, die auch Sie verwenden können:

Spezifisch: Jedes Angebot muss präzise sein und darf keinen Raum für Interpretationen lassen. Daher gilt: Je spezifischer, desto einfacher zu verstehen.

Machen Sie deutlich, was Sie verkaufen, wie das Produkt oder die Dienstleistung funktioniert und was Sie erhalten.

Exklusiv: Exklusivität erhöht den wahrgenommenen Wert eines Angebots. Zum Beispiel:

Der „besondere Kundenrabatt" macht dieses Publikum dankbarer.

Durch die „besondere Chance für Studierende" fühlen sie sich privilegierter.

Wertvoll – Erhöhen Sie den Wert Ihres Angebots, damit der Interessent das Gefühl hat, viel mehr zu bekommen, als er bezahlt.

Sie können ein Angebot beispielsweise durch das Hinzufügen von Boni wertvoll machen.

Wichtig ist, dass sie das Gefühl hat, in dieser Gleichung zu gewinnen, also wird sie es Ihnen gerne zurückzahlen.

Einzigartig: Angebote, die an keinem Tag und zu keiner bestimmten Uhrzeit verfügbar sind, generieren tendenziell mehr Conversions.

Dies ist beispielsweise bei einem Black Friday-Angebot der Fall. Es ist das einzige pro Jahr.

Auch Geburtstagsaktion, denn das Unternehmen feiert ihn nur alle 365 Tage.

Dadurch entsteht ein Gefühl der Dringlichkeit: „Wenn ich diese Chance nicht nutze, muss ich lange warten!"

Nützlich: Natürlich muss das Angebot für den potenziellen Kunden nützlich sein. Es hat keinen Sinn , einer Person mit Glatze Shampoo gegen krauses Haar anzubieten !

Relevant : Das Angebot muss außerdem ein hohes Maß an Relevanz aufweisen, um genauer zu sein. Welchen Sinn hat die Einführung einer Steakhouse-Aktion für Veganer? Für diese Zielgruppe nicht relevant!

Plausibel: Übertriebene Vorschläge lösen beim potenziellen Kunden oft ein Warnsignal aus.

Es ist wichtig, dass das, was Sie sagen, glaubwürdig ist. Eine sehr einfache Möglichkeit hierfür ist die Verwendung der Testtypen, die wir bereits in diesem Kapitel besprochen haben.

Wenn Sie zeigen, dass Sie Kunden in Ihrem Unternehmen haben und dass Ihr Angebot glaubwürdig ist, stärken Sie Ihr Selbstvertrauen.

Einfacher Kauf: Wichtig ist auch, alle Hürden rund um den Kauf zu beseitigen.

Fragen Sie nicht nach irrelevanten Informationen, wie z. B. der physischen Adresse, wenn Ihr Produkt digital ist.

Je komplizierter oder zeitaufwändiger der Prozess ist, desto mehr Abbrecher gibt es. Indem Sie dem Benutzer das Leben erleichtern, werden Sie eine Steigerung der Anzahl der Transaktionen feststellen.

Dringend: Wir haben die Angewohnheit, Dinge aufzuschieben, oder? „Morgen kaufe ich es!" und das Morgen wird nie.

Deshalb ist es wichtig, dass Sie einen zusätzlichen Anstoß geben, damit die Person den Kauf abschließt.

„Nur heute!", „Ich werde diese Aktion nicht noch einmal machen!" usw.

Sicherheit: Schließlich ist es wichtig, dem Interessenten Sicherheit zu bieten. Und die Garantie erfüllt diese Funktion sehr gut.

„Nach Erhalt des Produkts haben Sie 7 Tage Zeit, um zu entscheiden, ob sich Ihr Kauf gelohnt hat oder nicht." Auf diese Weise können Sie im Zweifelsfall ruhiger sein und den Kauf abschließen.

Haben Sie keine Angst vor Menschen mit schlechten Absichten. Sie sind Minderheiten.

Verstehen Sie, dass die Garantie mehr Vertrauen schafft und Ihre Überzeugung zeigt, dass das Produkt für sie geeignet ist.

ÜBERZEUGUNGSSTRUKTUREN

Lassen Sie uns zum Abschluss dieses vollgepackten Kapitels (ich weiß, Ihnen muss der Kopf explodieren) über Modelle sprechen, die sich als überzeugend erwiesen haben.

Eines der einfachsten ist PAS, das darin besteht, ein Problem darzustellen. Aufrütteln, das heißt, neue Perspektiven einbringen, warum es so schlimm oder gefährlich ist. Und zum Schluss präsentieren Sie eine Lösung, die nichts anderes als Ihr Produkt oder Ihre Dienstleistung ist.

Zum Beispiel:

Probleme – Fettleibigkeit verursacht Bluthochdruck, Diabetes und andere Krankheiten;

Unruhe: Je fettleibiger Sie sind, desto schlimmer werden die Probleme und je länger es dauert, sie zu lösen, desto schwieriger wird es, sich zu erholen.

Lösung – Ich habe ein Abnehmprogramm, das Ihr Übergewicht in X Tagen eliminiert, ohne dass Sie eine Diät machen müssen;

Es gibt auch das AIDA-Modell:

- Aufmerksamkeit;

- Interesse;

- Wunsch;

- Aktion.

UNKOMPLIZIERTES COPYWRITING

Es wird häufig in Videos und Artikeln verwendet. Gefällt mir sehr!

Ein weiteres sehr beliebtes Modell ist ACCA, das bei Spendenkampagnen üblich ist.

Bereit, Texter zu werden?

Teil 5

JEDER SOLLTE KOPIERER SEIN!

Wir alle arbeiten mit Worten.

Wir müssen einen Kunden überzeugen. Ein Chef.

Schreiben Sie eine Broschüre. Ein Empfehlungsschreiben.

Schreiben Sie ein Videoskript. Aus dem Podcast.

Ganz gleich, welchen Beruf Sie ausüben: Um bessere Ergebnisse zu erzielen, sollten Sie Copywriting in Ihren Alltag integrieren.

Deshalb möchte ich, dass Sie sich von nun an auch als Redakteur verstehen, vor allem weil Sie Zugang zu allen Techniken hatten, die die Grundlage dieser Kunst bilden.

Momentan arbeitet mein Geist zu 100 % an allem, was ich Ihnen präsentiert habe. Es ist instinktiv. Natürlich. Weil ich mich dieser Aufgabe widme.

Ich sehe einen Verkäufer, analysiere jedes Wort, diskutiere und versuche, mich selbst zu überzeugen.

Ich verstehe, wie die Theorie in der Praxis angewendet wird und wie sie auf mich zurückwirkt.

Das ist eigentlich ein lustiger Punkt ...

Viele Leute denken, dass ich vor Techniken geschützt bin, aber weit gefehlt ... Ich bin so normal wie alle anderen.

Ich habe vor kurzem eine Geldbörse von Victorinox gekauft . So sehr ich es auch nicht zugeben möchte, es ging um den Status. Schließlich könnte man jedes Portemonnaie haben, nicht unbedingt ein Marken-Wallet.

Das Schreiben dieses Buches ist Teil meiner Suche nach Bewunderung und Anerkennung auf diesem Gebiet.

Von Zeit zu Zeit gerate ich unter Druck von Leuten, die den Dringlichkeitsauslöser aktivieren, damit ich zu einem bestimmten Problem schneller eine Entscheidung treffen kann.

Und warum ist es so schwierig, sich zu „schützen"?

Weil die Kopie sehr stark ist. Sehr kraftvoll. Dies sind Techniken, die auf das Unbewusste einwirken, unabhängig davon, ob Sie rational wissen, dass sie existieren oder nicht.

Texten ethisch und vorsichtig vorzugehen . Ich gebe Ihnen hier, in diesem Buch, sehr aussagekräftige Informationen. Benutze es mit Männlichkeit.

Nehmen Sie die Berufung zum Kopierer an?

Wo soll das Schreiben angewendet werden?

Nachdem Sie so viele Techniken und Strategien gesehen haben, fragen Sie sich vielleicht: „Und was tun mit all dem?" Das Gelernte lässt sich in den unterschiedlichsten Medien und Formaten anwenden:

- Email;

- Werbebrief;

- Videos;

- Artikel;

- Podcasts;

- Broschüren

- Advertorial

- Reden;

- Verkauf

Und da ist es!

Arbeiten Sie beispielsweise mit dem Versenden von E-Mails. Wie bewerbe ich mich?

Beginnen Sie mit der Überschrift ... Wenn Ihre E-Mail nicht geöffnet wird, wird sie nicht gelesen. Verwenden Sie daher 4 Us, um sicherzustellen, dass Ihre Überschrift ins Auge fällt.

Aktivieren Sie innerhalb der E-Mail mentale Auslöser, um Ihre Überzeugungskraft zu steigern.

Um die Klickrate zu erhöhen, rufen Sie zum Handeln auf :

„Klicken Sie hier und greifen Sie jetzt auf die Website zu"

„Kaufen Sie jetzt Ihr Ticket"

„Rufen Sie unser Zentrum an"

Realisieren? Stellen wir uns einen Werbebrief vor...

potenziellen Kunden von Anfang an zu fesseln . Dazu müssen Sie Ihre Zielgruppe sorgfältig umreißen und entscheiden, wie Sie im Text positioniert werden.

Tatsächlich ist es wichtig, dass Sie den Bewusstseinsgrad der Menschen definieren, mit denen Sie arbeiten möchten.

Beseitigen Sie im gesamten Verkaufsbrief die 4 Haupthindernisse für jeden Verkauf, die wir hier bereits analysiert haben. Nutzen Sie alle drei Arten von Tests, um Vertrauen zu gewinnen.

Erzählen Sie eine Geschichte (Storytelling), präsentieren Sie einen gemeinsamen Feind und verankern Sie Preise im Gedächtnis des Publikums.

Machen Sie die Merkmale und Vorteile Ihres Produkts oder Ihrer Dienstleistung deutlich und lassen Sie den impliziten, tiefgreifenden Nutzen außer Acht.

Denken Sie daran: Verkaufen Sie Weisheit, keine Informationen. Und den Schmerz und das Vergnügen verarbeiten.

Sehen Sie, wie am Ende alles zusammenhängt?

Mit dieser Grundlage des Textens können Sie es noch heute auf Ihr Unternehmen anwenden und erste Ergebnisse sehen. Kleine Veränderungen zusammen können große Veränderungen bewirken.

UNKOMPLIZIERTES COPYWRITING

Vergessen Sie am Ende des Schreibens nicht, den „So What"-Test und die CUB-Bewertung zu absolvieren und die Angebotscheckliste auszufüllen.

Schließlich sollten Sie sich darüber im Klaren sein, dass das Verfassen von Texten anderen Zwecken als dem Verkauf dient. Sie können die Techniken beispielsweise nutzen, um Ihren Mann oder Ihre Frau davon zu überzeugen, eine bestimmte Aktion durchzuführen.

Aus diesem Grund glaube ich, dass wir alle die Idee, Redakteure zu sein, annehmen sollten , da wir in jeder Situation die Möglichkeit haben, diese Überzeugungsstrategien anzuwenden.

Und wie ist der Markt für diejenigen, die mit Copywriting arbeiten möchten?

LASST UNS JETZT ANALYSEN!

COPYWRITING-MARKT IN BRASILIEN

Alle Unternehmen wollen mehr verkaufen.

Die Vorstellung, durch überzeugende Kommunikation den eigenen Umsatz steigern zu können, ist für Unternehmer sehr verführerisch.

Allerdings ist der Begriff Copywriting noch wenig bekannt.

Eine Möglichkeit, Kunden anzulocken, besteht also darin, es klarer zu erklären.

Zum Beispiel „Spezialist für Vertriebskommunikation". Es wird einfacher, den Kunden zu verstehen und zu überzeugen.

Nach dem Kauf der Idee lohnt es sich, ihnen den Begriff Copywriting näherzubringen , damit sie sich damit vertraut machen.

Die gute Nachricht ist, dass der Online-Markt stark wächst. Zum großen Teil aufgrund des Beitrags von Unternehmen wie Monetizze.

Für diejenigen, die es nicht wissen: Es handelt sich um eine Plattform für den Verkauf von Infoprodukten und physischen Produkten.

Jeder kann dort ein Produkt registrieren und mit dem Verkauf beginnen, wobei Kreditkarten und Bankbelege akzeptiert werden.

Der große Vorteil ist, dass es zunächst einmal nichts kostet. Sie verdienen, indem sie einen Teil des Verkaufserlöses erhalten. Daher zahlen Sie Monetizze nur, wenn Sie verkaufen. Bei dieser Gleichung gewinnt jeder.

Damit können Sie Prozesse automatisieren, beispielsweise das Versenden von SMS an jeden, der eine Rechnung ausdruckt.

UNKOMPLIZIERTES COPYWRITING

Sie können auch ganz einfach Gutscheine erstellen und eine Reihe von Kennzahlen verfolgen, um unser Leben zu optimieren.

Der große Sprung ist das Thema Affiliates. Jeder kann Wiederverkäufer haben, die Provisionen verdienen.

Stellen wir uns vor, Sie nehmen am KopyFest teil , unserem jährlichen Copywriting-Event. Für jeden Verkauf, den Sie tätigen, erhalten Sie eine Provision.

Und Monetizze selbst teilt die Gewinne automatisch. Daher muss der Produzent es nicht an den Partner übertragen.

Aus diesem Grund brauchen immer mehr Menschen Texter ! Sowohl Produzenten, die Produkte mit großem Verkaufspotenzial und Überzeugungskraft auf den Markt bringen wollen, als auch Affiliates, die die Produkte anderer Leute verkaufen und viel Geld verdienen wollen.

Als ich eine Agentur hatte, hatte ich mit einer Reihe von Kunden zu tun, die mit der Monetizze-Plattform arbeiteten.

Einige baten darum, Conversion-E-Mails zu erstellen, andere wollten Verkaufsbriefe und Artikel und wieder andere baten um Videoskripte, um ein Produkt auf YouTube zu bewerben.

Die Wahrheit ist, dass die Überzeugungsfähigkeit immer noch sehr begrenzt ist. Daher benötigen viele Menschen diesen Service, was eine gute Nachricht für diejenigen ist, die eine Karriere als Freiberufler anstreben.

Fantastik, mein Unternehmen, hat bereits 8 Produkte in den Top-Sales der Plattform platziert. Und ich kann Ihnen garantieren, dass dies ohne Copywriting-Techniken nicht möglich wäre.

Damit verfügen wir über eine Dienstleistung, die für Unternehmer unverzichtbar ist. Jetzt kommt die Herausforderung... Wie kann man diese Arbeit bewerten?

Sie werden vielleicht überrascht sein, wie Sie über die Preisgestaltung für einen Schreibdienst nachdenken – das Thema des nächsten Kapitels.

Doch zunächst gelang es uns, ein exklusives Interview mit Monetizze zu führen.

Verifizieren!

INTERVIEW MIT MONETIZZE

Was ist Monetarisierung?

A: Monetizze ist eine Online-Zahlungsplattform mit einem Affiliate-System, auf der Sie Ihre Dienstleistung oder Ihr Produkt zum Verkauf anbieten, egal ob physisch oder virtuell, und eine Provision für jeden festlegen, der Ihr Produkt bewirbt. Wenn diese Person verkauft, erhält sie die von Ihnen festgelegte Provision.

WIE HILFT MONETIZZE GESCHÄFTEN IN GANZ BRASILIEN?

A: Es hilft Unternehmen in Brasilien mit einem Unterschied: Es garantiert Sicherheit zwischen den drei Extremen; Produzent, Affiliate und Käufer.

Für den Käufer garantiert Monetizze, dass er das Produkt erhält, sei es virtuell oder physisch, und wenn er es nicht erhält, erstatten wir den Betrag zurück, eine Aktion, die die Sicherheit der Transaktion garantiert.

Für den Produzenten stellt Monetizze ein Affiliate-Netzwerk zur Verfügung, das zur Umsatzsteigerung beiträgt.

Für den Affiliate garantiert Monetizze, dass Sie die Provision für den Verkauf des Produkts erhalten. Auch wenn Sie den Hersteller nicht kennen, garantieren wir, dass Sie diese Provision erhalten, wenn Sie einen Käufer empfehlen.

Sogar zur Zeit der Krise in Brasilien, der Zeit, in der Monetizze gegründet wurde, wuchs das Unternehmen nur, weil es die Zeit war, in der die Menschen ihre formelle Arbeit verließen und stark ins Internet wechselten, um mit dem Unternehmertum zu beginnen.

Diese Leute haben Monetizze entdeckt und so ihr Einkommen durch Online-Verkäufe gesteigert.

Welchen Rat gibt Monetizze denen, die mehr verkaufen wollen?

A: Wenn Sie mehr verkaufen möchten, ist der beste Rat, den ich Ihnen gebe, sich viel über Online-Verkäufe zu informieren und wie Sie Ihr Produkt und vor allem Ihre Zielgruppe bewerben können. Verstehen Sie, wer die Person ist, die Sie erreichen und Ihr Produkt verkaufen möchten. Es ist auch sehr wichtig zu lernen, wie man mit Affiliates zusammenarbeitet. Bieten Sie Ihren Affiliates daher sehr gute Unterstützung, denn wenn sie Ihr Produkt in Anspruch nehmen, kennen sie es normalerweise nicht sehr gut und möchten mehr Informationen mitteilen. Helfen Sie ihnen daher, mehr über Ihr Produkt zu erfahren, da dies den Verkauf fördert.

ZEIT, DAS SPIEL ZU ERÖFFNEN ... WAS TUN DIE TOP-MONETIZZE-VERKÄUFER, UM GROSSE ERGEBNISSE ZU ERZIELEN?

A: Was die größten Verkäufer von Monetizze im Wesentlichen tun und was am meisten auffällt, ist, mit dem Mythos aufzubrechen, dass es einfach ist, online Geld zu verdienen. Viele Leute denken, dass es einfach ist, online Geld zu verdienen.

Tatsächlich ist es möglich, im Internet viel Geld zu verdienen, aber es ist nicht einfach, es erfordert viel Hingabe, Arbeit und Mühe, sodass Sie stundenlange Arbeit, Studien und Tests aufwenden müssen.

Diese Leute testen und investieren viel Zeit, sie lernen auch viel, sie führen verschiedene Tests durch, um herauszufinden, wie sie den Umsatz um 0,1 % steigern können, sie führen A/B-Tests durch und hinter den gigantischen Ergebnissen steckt eine Menge Forschung. . Der Mythos der Vergangenheit, dass es einfach sei, von zu Hause aus Geld zu verdienen, ist tatsächlich möglich, aber man muss hart arbeiten und wer engagierter ist, erzielt bessere Ergebnisse.

Welchen Hauptfehler machen Ihrer Meinung nach Unternehmer im Zusammenhang mit dem Verkauf?

A: Einer der größten Fehler, den ich bei verkaufsorientierten Unternehmern sehe, ist die Annahme, dass der Verkauf einfach mit der Finanztransaktion endet, bei der der Kunde die Karte durchzieht und kauft. Tatsächlich beginnen Sie Ihren Verkauf dort, daher ist es sehr wichtig, dass Sie eine gute Beziehung zu Ihrem Kunden haben. Wenn Sie ein Unternehmer im Bereich Online-Verkauf oder sogar Offline-Verkauf sind, gilt dies für alle. Denken Sie daran, dass Sie, wenn Ihr Kunde ankommt und ein Produkt kauft, in diesem Moment eine Beziehung mit ihm beginnen und diese nicht beenden Es. . Schließlich empfehlen sie Sie möglicherweise weiter oder möchten Sie erneut kaufen.

Es ist wichtig, dass der Service sehr transparent und ehrlich ist und der Kunde sehr gut bedient und mit Respekt behandelt wird.

Dadurch werden Sie feststellen, dass die Ergebnisse exponentiell steigen.

WARUM VERKAUFEN SICH EINIGE MONETISIERTE PRODUKTE VIEL, WÄHREND SICH ANDERE, SEHR

ÄHNLICHE PRODUKTE NICHT VERKAUFEN?

A: Der größte Unterschied besteht neben dem Engagement der Produzenten, die mehr verkaufen, im Vergleich zu denen, die wenig verkaufen, darin, ihre Zielgruppe zu kennen. Der Typ, der sich mit digitalem Marketing auskennt, der die Zielgruppe kennt, mit der er spricht, der sein Produkt verkaufen möchte, macht viel mehr Verkäufe als die Person, die das Produkt einfach auf eigene Faust bewirbt, nur um zu versuchen, Verkäufe zu tätigen. Ideal ist es, Ihre Zielgruppe gut zu kennen, zu wissen, wie diese Person ist, wie man mit ihr kommuniziert, wie sie spricht, wie sie interagiert, wie sie im Internet navigiert. Je besser Sie Ihren Verbraucher kennen, desto einfacher wird es für Sie, an ihn zu verkaufen und ihm zu zeigen, dass Ihr Produkt interessant ist. Es ist auch sehr wichtig zu wissen, wo sich Ihr Verbraucher befindet und wie Sie ihn erreichen können.

ICH WAR EINER DER ERSTEN KUNDEN VON MONETIZZE, VIELLEICHT EINER DER ERSTEN VERKÄUFE. Wie bist du in so kurzer Zeit durchgestartet? Was war das Geheimnis des explosiven Erfolgs?

A: Wir verknüpfen den Erfolg von Monetizze in so kurzer Zeit mit guten Beziehungen zu unseren Kunden. Wir konzentrieren uns immer auf die Kunden und nicht auf Umsatz und Finanzergebnisse. Monetizze hatte schon immer einen Beziehungsbereich, in dem wir bestrebt sind, unsere Kunden zu bedienen und ihre Bedürfnisse zu befriedigen, ihnen zuzuhören und Lösungen für den Markt anzubieten.

Wir hören den Kunden zu und versuchen zu verstehen, was sie brauchen, unabhängig davon, ob der Kunde 1.000 Reais, 700 Reais oder nichts verkauft. Was jede Person auf der Plattform verkauft, hat also keinen Einfluss auf die Art und Weise, wie sie ihre Dienstleistungen anbietet.

Wenn der Kunde zu uns gekommen ist, dann deshalb, weil er Hilfe braucht. Eine Lösung anzubieten ist uns wichtig. Kunden, die mit der Plattform zufrieden sind, mögen uns und werden uns auf jeden Fall weiterempfehlen. Wenn Sie jetzt nicht verkaufen, entscheiden Sie sich bei zukünftigen Verkäufen für Monetizze.

Unsere Idee war es immer, dem Markt eine Lösung anzubieten. Der beste Weg, dem Markt eine Lösung anzubieten, besteht darin, dem Kunden zuzuhören und ihm die Freiheit zu geben, ihm zu sagen, was er wirklich braucht. Das Geheimnis von Monetizze sind also gute Kundenbeziehungen.

WIE KANN MONETIZZE MEINEN LESER HELFEN, MEHR ZU VERKAUFEN?

A: Monetizze kann Ihnen auf verschiedene Weise helfen, auch über unser Affiliate-Netzwerk, wenn Sie Produzent sind. Als Affiliate können Sie auf unser breites Produktsortiment zählen.

Bei Fragen können Sie sich gerne an unseren Support wenden. Registrieren Sie sich bei Monetizze und gehen Sie, wenn Sie ein Partner sind, zum Shop-Tab und überprüfen Sie die verfügbaren Produkte. Wenn Sie ein Hersteller sind, gehen Sie zum Produktmenü und registrieren Sie Ihr Produkt. Wir können Ihnen helfen, ein hohes Verkaufsvolumen zu erzielen.

DAS IST DEIN MOMENT... WELCHE NACHRICHT MÖCHTEST DU DEM LESER HINTERLASSEN?

A: Die Botschaft, die ich den Lesern hinterlassen möchte, lautet: Wenn Sie ein Ziel im Leben haben, was auch immer es sein mag, denken Sie daran, dass es nicht eine Frage des OB, sondern des WANN ist. Die Frage ist nicht, ob es funktionieren wird, sondern wann es funktionieren wird.

Überlegen Sie, ob Sie wollen, dass das passiert, und glauben Sie, dass es passieren wird. Es ist keine motivierende Botschaft, aber es ist eine Botschaft, die ich im Leben aufgenommen habe, und es ist ein Satz, den ich gesagt habe, als Monetizze anfing: „Ich habe geglaubt und es hat funktioniert."

Warum sage ich das? Denn wenn Sie sich in den Kopf setzen, dass es nicht eine Frage des OB, sondern des WANN ist, werden Sie Ihre ganze Energie darauf konzentrieren, es geschehen zu lassen, denn Sie wissen, dass es geschehen wird, und wenn Sie wissen, dass es geschehen wird, wird es geben Ihnen Lösungen für Probleme. Probleme, die auf Ihrem Weg auftreten.

Konzentrieren Sie sich also auf Folgendes: Wenn Sie ein Ziel haben, denken Sie nicht an OB, sondern an WANN es passieren wird. Wenn ein Hindernis auftaucht, können Sie sicher sein, dass Sie es überwinden werden. Wenn nicht heute, dann schon morgen, aber es wird klappen.

PREISE FÜR BEARBEITUNGSDIENSTLEISTUNGEN

DER COPYRECTOR SOLLTE NICHT STUNDENGEBÜHREN. NIEMALS. NIEMALS.

Und der Grund ist ganz einfach: Der Kunde muss den Wert der Dienstleistung erkennen und für die Ergebnisse bezahlen, die er mit der Kopie erzielt. Stellen wir uns zum Beispiel vor, dass der und der mit seinem aktuellen Verkaufsbrief 100.000 R$ pro Jahr verdient.

Mit Ihrem Verkaufsbrief können Sie 150.000 R$ pro Jahr verdienen.

Und das Schreiben dauert nur vier Stunden.

Bei einer Bäckereirechnung würden Sie, wenn man davon ausgeht, dass sie 30 R$ pro Stunde kostet, 120 R$ für die Dienstleistung verdienen.

Stimmen Sie mir jedoch zu, dass Ihr Service viel mehr wert ist? Dank Ihnen wird er 50.000 R$ mehr pro Jahr verdienen. Sie können ihm problemlos 5.000 R$ in Rechnung stellen, da er weiterhin große Gewinne erzielen wird.

Daher kommen wir zu dem Schluss, dass die Preisgestaltung nicht auf der „Arbeitszeit", sondern auf der „Arbeitsauswirkung" basieren sollte.

Ergibt es für Sie Sinn? Und wie lässt sich der zusätzliche Gewinn prognostizieren, den der Kunde erzielen wird? Das ist sehr relativ... Schauen Sie sich den Preis des Produkts an. Schauen Sie sich an, für wie viel es derzeit verkauft wird. Analysieren Sie das Markt- und Wachstumspotenzial. Sprechen Sie mit Ihrem Kunden und gleichen Sie die Erwartungen ab.

In den Vereinigten Staaten gibt es Autoren, die buchstäblich Millionen für einen Verkaufsbrief verlangen, weil der Kunde Millionen für den Verkauf des Produkts erhält.

Dort ist es auch durchaus üblich, dass der Autor einen Prozentsatz des Umsatzes erhält, denn auf diese Weise garantiert der Kunde, dass der Profi alles daran setzt, eine Kopie zu erstellen, die sich gut verkauft.

Ein guter Anfang besteht darin, einen Spezialisten zu finden, der ein sehr gutes Produkt entwickelt, das von der Gesellschaft akzeptiert wird.

Auf diese Weise trennen Sie die Hälfte: Die Person ist für das Produkt und den Support verantwortlich, und Sie sind für die Gesamtkommunikation verantwortlich.

Auf diese Weise können Sie alle Techniken ausprobieren, analysieren, ändern und Ihren Kunden einen Fall präsentieren.

Der Name dieses Arbeitsformats ist Koproduktion.

Abschluss

Finale

Und das ist erst der Anfang!

Wir sind am Ende angelangt...

Bedenken Sie jedoch, dass dies erst der Anfang der Reise ist. Wenn Ihnen Copywriting gefallen hat. Es besteht die Möglichkeit, tiefer in eine Reihe weiterer Themen einzusteigen.

Am meisten gefällt mir, dass ich jeden Tag etwas Neues lerne.

Ich freue mich auch sehr, dass Copywriting-Techniken in den unterschiedlichsten Nischen zum Einsatz kommen und beweisen, dass jeder nur dann davon profitiert, wenn er seine überzeugenden Kommunikationsfähigkeiten auslotet.

Die gute Nachricht ist: Gemeinsam geht es weiter!

Ich möchte Ihnen dafür danken, dass Sie so weit gekommen sind. Und ich hinterlasse Ihnen unten meine persönliche E-Mail, wenn Sie mir Ihre Kritik, Vorschläge, Einladungen oder Wünsche senden möchten:

victorpalandi@gmail.com

Folgt mir auch auf Instagram .

Ich wünsche Ihnen viel Erfolg auf diesem Weg und stehe Ihnen weiterhin zur Verfügung, um Ihnen bei allem, was Sie brauchen, zu helfen.

Eine große Umarmung,

Victor.